# 強協理地產教室

李逸強
李姿穎 著

# 推薦序1

房地產最主要就是銷售、買賣，在買賣市場的交易行爲，非常需要透過中間者媒介，在成屋市場裡，很重要的交易媒介就是仲介人員，我從事房地產近40年，在中部，看到仲介的佼佼者就是本書作者「強協理」，年紀輕輕卻有兩把刷子，著實不簡單，對於帶領仲介初學者入門或是對不動產買賣交易行爲的專業，其均有一套完整、清楚、簡單、明瞭易懂的解釋說明，讓人很容易進入他的世界，理解他的各項技巧，並能吸收應用，造就許多仲介的後輩，完成許多銷售的案例。

在我看來「強協理」不僅是一位Top Sales，更是一位聰明絕頂、手腕靈活，企圖心強烈的地產達人，每一次本人交予他的案件，均能順心應手，如願以償，讓我不得不佩服他的能耐。當然房產市場千變萬化，仲介從業人員比比皆是，能脫穎而出者，必須具備非常多面向的技能，尤其對人性的解析、交易時間點的掌握、話術及表情的表達、買賣雙方的操控、理解、同理及臨門一腳的巧妙都要拿捏得體。耐心、同理心、熱心、愛心、企圖心，「強協理」在每筆交易中都將這五心發揮得淋漓盡致，並無所不用其極完成交易，妙哉，妙哉。

此次，他又出了這本更上一層樓，更深入的解析房產投資妙絕，及對各項房地產的產品特色、類別、功能、市場、環境、變化，還有投資入門的絕竅，以及財務槓桿運用，利潤分析等，剖析得更透徹。書中分門別類，產品分解，有透天、大樓、套房、豪宅、店面、商場，還有入門的指引、出租利潤的分析，總能交代得一清二楚，他還教你投資心法，及地產發家致富的本領，也能無私的展現在大家的眼前，在書中章章呈現，透徹細膩、有條不紊，讓人淺顯易懂，其無私、無我、利他、利人的情懷在本書表露無遺，同時，我們也理解了「強協理」他對中部的房地產各面向的認知是非常透徹的，對產品的了解及市場的動向還有投資賺錢的絕竅，都不在話下，俗話說：「窮人不學，窮不盡；富人不學，富不長。」學習可以改變觀念，觀念可以提升高度，高度可以影響命運。每一個人出書都非常不易，必須嘔心瀝血，費盡心思，才能完善一本好書。承望這本書能帶給普羅大眾，對地產進一步了解，從中獲利，精彩人生，在此我還要送上一句話：學而不收，則罔，收而不用，則廢。希望這本書能引領大家入門，也祝福本書能出類拔萃，一鳴驚人。

巨匠建設事業開發有限公司董事長

林財源

# 推薦序2

本書作者逸強協理，對他的第一印象是積極熱情、充滿幹勁，也曾經與逸強協理有過不少次的合作經驗，總能看到他展現從業十幾年的專業度及面對事業的積極態度，印象最深的就是他與一般不動產仲介經理人不同的是，他會跟你說「實話」，跟他買賣不動產你會很「放心」。

我從事房地產將近30幾年了，從北到南認識的不動產界的佼佼者也不少，但很少像本作者一般精通各種房地產物件，這麼透徹的菁英。而作者把這些經驗養分及所有的房地產疑難雜症都匯集在本書中，每一個章節針對房地產的各個面向，以非常實務淺顯易懂的文字呈現，把他精通的各類商品介紹得淋漓盡致，因此本書很適合買賣雙方、房東、房客，即便對房地產不熟悉的朋友能夠快速地了解市場上各式各類的商品，也絕對是一本房仲從業人員必看的一本很好的工具書。

獨學無友。悟道能得同聲相求者共同切磋，當然是件不亦悅乎之事，本作者的寫作意圖應在於此，希望大家都能在書中找到適合自己的投資方式，讓自己翻轉，也祝福大家在不動產領域能夠順遂。

強石建設有限公司董事長

黃鉉原

# 推薦序3

獻給每一個投資不動產人的聖經寶藏或正想要走上這個夢想的你，書中深入淺出，淺顯易懂。閱讀《強協理地產教室》這本書，獲益良多，在投資商業不動產領域中，相信能夠有所收穫。

房地產投資是人人必學的功課，也是必備的顯學，在追求財富自由之路中，必定不可或缺，我們經常考驗自己的耐心，當你追求一項你不熟悉的事物時，必定覺得困難，亦會產生畏懼，但願意付出學習代價的人，享受學習的苦，從中必有收穫，必能克服一切的恐懼，得到最後的勝利。

在資訊爆炸的時代裡，仲介不再是提供低廉平價的服務，而是走向精緻化、客製化的道路，能夠提供產品差異化，提升價值，真正能夠滿足顧客需求，達成客戶目標。

客戶更願意付出更好的酬庸，甚至是拿著錢追捧著卓越的仲介，藉由專業帶領創造更高的價值。

在投資不動產的道路上，很榮幸能夠認識李逸強先生，他呈現的專業與熱情，每每與他討論房地產都帶著興奮的語氣，看見他活出對不動產的熱愛，爲客戶創造價值的過程中，也成爲良師益友，不僅擴大你的認知，增廣你的見聞，還能夠增加你的財富。

帶著誠心與讀者分享，能與各不同領域的人、專家多認識多請教。說不定就會跟你分享能致富的機會，掌握訊息並且付出實際行動，想發財致富就不是夢想而是能實現的願望……

鼎泰興業股份有限公司總經理<br>帝寶大飯店股份有限公司總經理<br>劉乃欣

# 推薦序4

在拜讀完本書後打從內心深處佩服作者深厚的功力，與強協理是在一次買賣物件因緣際會下認識，他的熱忱及對市場的敏銳度極高，能知道我要的是什麼樣的物件，而因雙方對房地產有著深厚的著墨便一拍即合，一路走來亦師亦友互相切磋。

房地產買賣是人生一件大事，因此不論是自住或置產，不管金額大小，每個人一生中都有機會跟房仲人員打交道，但投資產品百百種，如何選擇變成一門很大的學問，有時一時錯誤的觀念，會做出錯誤的抉擇，原本是資產也會變成是負債，本書有幾項的優點，從認識房地產到如何選擇自己自住或投資的標的物，以及分享各種物件的優缺點及投資心法，綜合上述不論是目前對房地產有經驗者或是還沒有進場的朋友們，本書是一本用簡單的文字、十分淺顯易懂的方式，深入淺出的分享，看的出作者透過從業的經驗去分享自己在不動產投資的心得結合理論，實在是讀者之福，亦是不可多得的投資參考書。

本書出刊的當下正是全球新冠肺炎肆虐時期，景氣起伏波動極大，全世界都鎖國，而在這種疫情環境之下，有感大環境的變化、物價通膨的壓力，市場上的熱錢也都湧入房地產，再次造就另一波房地產的漲幅，不管是投資或剛性需求的朋友，相信這將是一帖能快速融會貫通，引你進入房地產的投資大門的武功祕笈。

普德淨水總經理

**莊浚楓**

普德淨水經理

**莊宥琥**

推薦序5

# 這本書的知識，是你最好的師父

因爲購屋與李協理結緣，初識時即對他的熱心與勤奮印象深刻，爾後持續聯絡，其對於房市的獨到見解，時常覺得受益良多。

這次他出書，有幸拜讀初稿，覺得這本書實在太適合年輕人了！

筆者偶爾也會與晚輩分享多年房市心得，但難免較多著墨在自己熟悉的領域和地緣，不似本書全面，書中內容以大台中地區爲核心，單就房地產物件的類型，便詳細列出各種指標。讓讀者能評估自己的需求，接下來如何找適合投資的物件、投資方式以及地方未來趨勢，甚至包含銀行貸款、房屋裝修等等這些大家想了解，卻往往一知半解，或是被東一句西一句，過多且紛雜資訊搞得霧煞煞的問題，本書用易懂的文字，深入淺出，有系統的讓讀者通盤瞭解。李協理在業界深耕多年的「臺下十年功」，今天能如此言簡意賅卻又精闢的呈現，眞的是初心者了解房市的福音。

李嘉誠說過：『無論何種行業，你越拼搏，失敗的可能性越大，但是你有知識，沒有資金的話，小小的付出就能夠有回報，並且很可能達到成功』，他也說過：『一個人憑己的經驗得出的結論當然是最好，但是時間就浪費得多了，如果能將書本知識和實際工作結合起來，那才是最好的。』

幾乎人人一生中，都會有買賣房地產的機會，自住或投資，或多或少，可說是生命必修之課題，也幾乎都是人生最大筆的花費項目，自然不得等閒視之，大家也都聽過「師父領進門，修行看個人」，往往有心學習，卻欠缺一個入門的機會，而這本書的知識，將會是你最好的師父。

臺中市大墩老人養護中心院長

吳國輝

# 推薦序6

認識作者至今已經有10幾年的情誼。回憶與他相識時，我剛進入正蓬勃發展的房地產投資市場。我懷抱著對這塊土地的熱愛與建設的願景期待，全心全意地投入對房地產投資的專業知識，包含土質了解、土地開發及房屋設計等各個層面。這對多年從事醫護行業的我無疑是個鋪天蓋地的反差與挑戰。投入這一連串全然不同的專業學習一段時日後才發現，土地建物的終端銷售涵蓋的人、事、物及法令才是真正充滿難度與挑戰。

當時作者跟我一樣是一位剛入房地產業的新鮮人，我依稀記得初次見到他時他眼中閃爍的自信熱情，多年來在各自領域裡奮戰，很不容易的，他不曾在競爭的壓力下打退堂鼓，反而願意將這些年累積的各種經驗與心法大無私地教導年輕一輩，分享這個行業的關鍵處理方法與細節實屬不易。

本書中深入淺出的文字解說給初學者從對挑選新屋、整修舊屋的觀察評估到前景的預期估價都有精闢切入要點及解析，對於市場品牌佔有的資訊完全透明呈現，這對於首購族及多年處理房地產的老手，無論新學習或再進修都是不可或缺的實用工具書。購屋者面臨市場眾多物件及條件，「選擇」是很難跨越的瓶頸。細讀這本書可以給你清晰的思考路徑，讓你在選好屋的路上有所依從。他更是站在第一線銷售業務的好幫手。讓你在與客戶之間的交流能夠更專業深入。

書中提點的觀念讓你直接由入門者成爲駕輕就熟的老手，使用書中實戰經驗的分享，讀者可無所畏懼投身現實買賣，社會經濟變遷速度快得驚人，細讀這本強協理新發行的書，將讓你在房產投資中不被紛亂洪流淹沒，讓投資成爲生活的樂趣。

投資達人

張育敏

# 推薦序7

工廠管理近20年，長期與團隊為擁有競爭力及差異化，每天超過10小時的為永續經營而戰。只覺獲利需要汲汲營營，產品一片幾毛錢的賺取，只為員工可以每月準時薪資入帳。

這樣的我只會運用簡單的存款運作及不確定的股票買賣，所幸在博班期間除了學習學業外，亦透過同學獲取房市理論，什麼是聰明存房子？

怎樣晉升房東的快速道路？如何由無殼蝸牛瞬間變成月收租金的小房東？

強強連手，理論來源為『強協理地產教室』。所以博士班畢業的同時也學會了運用房市理財槓桿，而多了一條理財來源。

多數人在不知不覺中在理財的洪流中隨波逐流，部分人在後知後覺中追上部分曙光，根據統計有99.9%的人都曾經有「早知道」瞬間感受，「千金難買早知道，萬般無奈想不到」。顯然早知道是一件難事，所以也顯示了先一步洞察事實的重要性，感謝強協理適時放出一道強光，讓我們在理財的道路上可以成為先知先覺的房市理財人。

美商捷普綠點高新科技股份有限公司

台中廠營運處長

蔡佳樺

推薦序8

# 「強」運地產、「穎」悟絕倫

當買方或賣方委託仲介商進行房屋買賣交易，同時會出現代理成本的問題，換句話說：「好的房仲讓你買好房，順利置產對抗通膨；差的房仲讓你住『套』房，資產無法發揮效用極大化。」

強協理地產教室是兩位資深房仲業的經理人，梳理深耕多年的工作經驗，以最貼近市場的在地觀點，深入淺出爲讀者精闢的分析市場現況、通路與交易投資心法。

如果您是地產工作者，這本書不可不看。逸強協理與姿穎協理在書中分析了整個產業的脈動與未來的發展趨勢，同時更揭露了買賣雙方的需求與購屋時成交關鍵因素。

如果您是購屋者更不可不看。作者針對小資族首購、成家自住與換屋，又或投資置產的不同需求，提出了自有資金籌措及財務規劃與資產靈活配置效用極大化等實戰手則。

希望透過本書，您也能在瞬息萬變的房市中成爲「強」運地產、「穎」悟絕倫的佼佼者。

逢甲大學商學院特聘教授
羅芳怡

# 作者序1

我的本業是房屋仲介，第一次買的房子也是爲了子女的教育而買了「學區宅」，卻也陰錯陽差而賺了一筆小小財富，從此以後顚覆了我個人對房地產買賣致富的觀念，即使你是以自住自用的角度爲出發點，也可以存房子或強迫儲蓄，爲自己累積財富。

個人在房屋仲介業打拼多年累積了十五年仲介實務，十三年個人房屋買賣的經驗，服務過上千組客人，有些是買房新手有些已經在不動產買賣投資相當有經驗的高手了，看過無數投資買賣房地產的高手的實際操作心法、及實務經驗，個人有一些粗淺的心得，在此做分享，希望可以幫助更多小資族、社會新鮮人及對房地產有興趣者，透過本書可以了解，房地產買賣的本質、輕鬆進入不動產這扇大門，如何把不動產轉換成投資理財的一環，而不是背負二十年、三十年的房貸，造成自己承重的負擔，也讓大家對房地產有更進一步的了解。

二年前新冠肺炎大爆發，通貨膨脹壓力下，許多人面臨失業、轉換跑道的？

面對大衆最感痛苦的房價高漲問題，政府在這一波亂亂漲的現象中，也實施許多政策打房，但顯然效果有限，房地產堪稱是一門綜合性經濟活動與行爲，也可說是綜合性之學問，因此往往許多人會陷入瞎子摸象的窘境，本書結合理論及實務，希望可以幫助更多的人，這是最好的時代，也是最壞的時代。這是買賣方勇於交易的時代，祝福大家都可以在不動產中獲利，贏得勝利。

強協理

# 作者序2

我跟每一個人都有著一樣的夢想「擁有一間屬於自己的房子」，這都是為了實現Maslow需求層次理論上的「安全需求」，讓自己向上進階一層，踏出了人生第一步，我於2004年購入了人生的第一間1房1廳的自住小房子，回想當時購房時，因資訊沒現在這麼便利，身邊也沒有從事房地產界的朋友，我就是跟很多人一樣看了很多房子，且時間長達3年之久，才購得的一間我當時買得起的又喜歡的小房子，而這間小房子我居住了5年，因生活所需求，更換一間符合當時所需較大空間的房子，恰巧在這樣的機運下以小換大，只要再負擔小房1/3的房價，那時才意識到原來房市的買賣亦是一種翻倍的儲蓄。

當時的我只想有一間自己喜歡並且安居自在的房子，心想就在房地產上畫下句點了。然而遇到強協理他的熱忱及專業，從此讓我愛上逛房子的興趣，能讓我不只是擁有一間安全的小屋，更認識更多不一樣的商品，這一路走來都是隨著專業的腳步一步一腳印，及參考一些前輩獨特的投資方式，我就少走很多遠路，進而體驗過不同的商品，在房子的買賣經驗過程中，賺錢與賠錢各有人在，每個行業入行總要付學費的，我的經驗是要量力而為，我始終相信不管幾歲，不管起點如何，只要能先踏出一小步，先求有，再求好，定就能實現自己願景的一大步，永遠不嫌晚，只怕你不敢踏出第一步。

投資的道路上最好不要人云亦云，要堅持自己的信念，理想就會成真，買房子是人生一件很重要的大事，即使到現在我也是一直在學習，而能夠做自己喜歡的領域，並能夠在這個領域幫助更多的人找到自己喜歡的房子，安樂自居、幸福收租。

雖經作者審慎編撰，然因個人尚有侷限，經驗還有不足，若有內容上的不協調，尚祈先進予以指教，不勝感激。

感謝宇宙萬物給予的每一分鐘，與幸福同在。

李姿穎

目錄CONTENTS

## Ⅲ.如何靠房地產發家致富

## Ⅳ.投資者的心法

## Ⅴ.買房的基本功&趨勢分析

I

# 買房心法、認識房地產

# 1. 買什麼房子最保值

**一、明星學區**

例如：臺中市立惠文高級中學、臺中市南屯區惠文國民小學。

**二、交通便利**

大衆運輸工具、國道高速公路、快速道路。

**三、公園綠地**

**四、生活機能佳**

文創商店、24H便利商店、全聯、家樂福、市場、好市多、咖啡館、百貨公司。

**五、坐向**

朝東南、坐北朝南。

六、主流產品

三房平車、50坪上下的華廈。

七、屋齡

五年內新古屋、十年中古屋。

八、重劃區

例如：台中的五期、七期、八期、十二期、台中水湳經貿園區等等。

九、重大建設

例如：新市政中心、台中科學園區、國家歌劇院、秋紅谷、草悟道、國立臺灣美術館、水湳經貿園區。

十、嫌惡設施

加油站、焚化爐、垃圾掩埋場、汙水處理廠、基地台、高壓電塔、發電廠、變電所、墓地、殯儀館。

（無）風水忌諱例如：壁刀、路沖、巷沖、反弓煞、天斬煞、死巷。

# 2. 房子爲什麼越來越貴

一、原物料上漲（通貨膨脹），反應房價成本。

二、土地價格居高不下，物以稀爲貴，土地取得不易，導致建商購地成本增加。

三、基本工資上漲勞動市場需求大於供給，人力資源缺乏，工資上漲（搶工）。

★什麼是通膨

**20罐可口可樂的價錢**

1944年1美元。

2021年要價14.71美元。



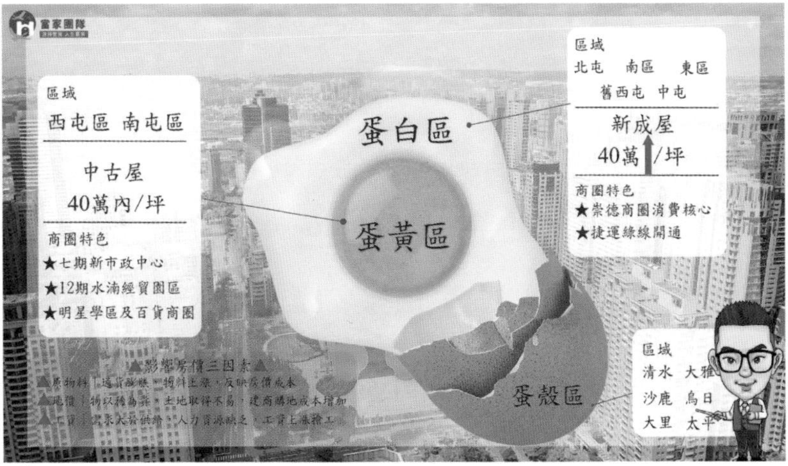

# 3. 爲什麼要買房子

加入房地產仲介這份工作以前，從來沒有買房子的念頭，因爲自己的爸媽也有兩棟透天別墅，心想自己已經有住的地方，而且也分配到三個房間，即使到外地工作，就是找一間套房，壓低房租有可以睡覺的地方就好，至於賺來的錢，都用在消費娛樂、買賣股票上（短期操作）；或者拿來買車子、奢侈品，只有少數部分的錢拿來買基本的保險（跟賣保險的朋友捧場）。

身爲一個Top Sales，從來不需擔心月開銷的問題，月收入15萬沒有家累，花錢從來不用看價格，現金不夠也可以先刷卡，當然更不會有儲蓄的概念。因爲一人飽全家飽，月收入高當然不用存錢，反正每月10號薪水就會匯入帳戶，這是一個25歲就達到年薪二百萬的年輕Top Sales的想法跟生活消費習慣，也就是我本人。

我不是沒有能力買房子，是打從心底認爲不用買房子，房子是用來住的，只要有的住就好，反正也只是用來睡覺的地方，身爲一個每天爲客戶東奔西跑的Top Sales，早出晚歸，房子的使用率又不高，幹嘛買？用租的不是比較划算？

同一個時間點有一位朋友用三百萬的價格買入一間新北市南港區三十年老公寓，他跟哥哥自用自住。經過三年後，我的年所得約六百萬，但是只有一百萬的錢放在股票上操作，車子也貶值剩約二十萬價值，其他的錢，都用來消費娛樂上，經過三年Top Sales的打拼，原以爲可以很風光，但嚴格來說大概也就存了一百萬而已，只有賺到面子，沒有存到裡子。

反觀我的那位朋友，月薪只有三萬，他哥哥只有四萬五，兩人的所得只有我的一半，但是他們三年的房貸本金加利息還款加上頭款的金額也是約一百萬，等於跟我的存款金額不相上下，但這一點都不會讓我羨慕，讓我羨慕的是，他們以三百萬買入的公寓，只在短短三年內漲到八百萬，扣掉剩餘房貸，居然是我這個Top Sales努力三年的年薪，而且是存下來喔！

我每天早出晚歸，每天工作超過12個小時，卻只存了一百萬，但是他們兩兄弟只是朝九晚五的一般上班族，卻憑藉著買房自住，「存房子」的概念打敗我這個每天拼命跑業務的Top Sales，而且總資產是我的6倍，他們如果當下有賣掉房子大概會有六百萬的現金，簡單來說就是他們的收入是我的一半，資產是我的6倍，以當時我的月薪來計算，對於我可以存入12倍。

因爲他們的所得只有我的一半，這個親身體驗讓我很震撼，因爲以我當時的收入可以同時買進兩間台北市的小公寓，然後持有三年後賣出，不但可以自住加收租，賣掉後還可以有一千二百萬的現金，比起我短線做股票，簡直是天差地遠，從那個時候開始我就直接投入房仲這個行業，雖然錯失了人生的第一個一千萬。但是我卻上了一堂原來買房是可以致富的寶貴課程，這是一堂價值一千萬的課。

原來房子除了可以住之外，還可以當作儲蓄、投資、理財，甚至致富的商品，這大概就是爲什麼台灣的有錢人，特別喜歡買房子的原因，因爲「有土斯有財」。

買房子時每個人的觀點都不同，有些人是「先求有，再求好」；有些人則希望「一次到位」，直接滿足自己的需求。還要評估購房動機，自住、投資或置產。

所以購屋前要先釐清楚自己是屬於哪種類型？並且讓自己先設定明確目標，讓你減少大海撈針的買房窘境，再開始朝著目標進入美好生活，可以從完成下面這張圖表，找到適合自己的家。

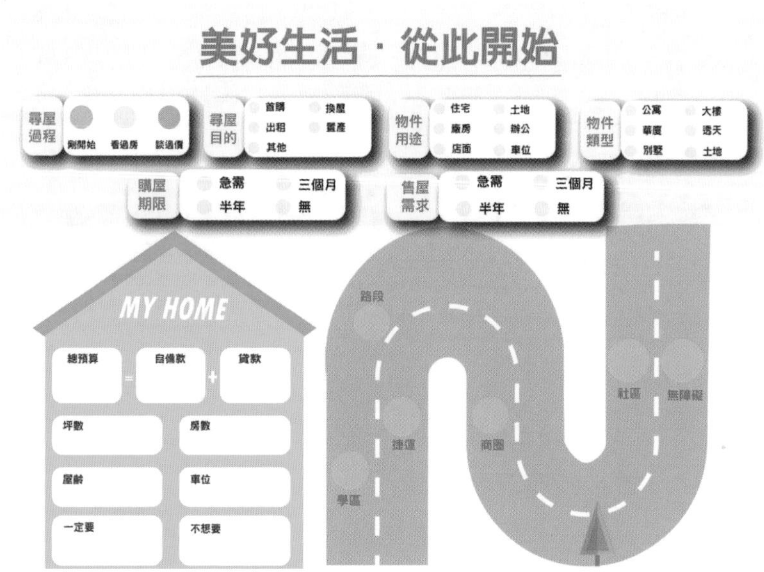

# 4. 買房子要如何出價



通常每一個房子都有一個開價跟底價，一般底價又分爲二種：

1.屋主實拿含增值稅金額。

2.屋主實拿不含增值稅金額：

屋主底價、增值稅、仲介費（成交價4%），所以你如果要出價，最希望知道的是底價多少？

或者會問：

一、有沒有人出過價錢或付過斡旋金、屋主底價多少？

二、另外一種方式會透過關係去詢價，了解屋主到底多少要賣？

三、上網補做功課然後以開價打九折、八五折、八折、七折、對折等等的出價技巧。

四、找銀行估價、估出不動產價值或者可以貸款成數約幾成，然後參考銀行估價去出價。

五、透過其他仲介去詢價，了解屋主底價或售屋動機。

以上是買方常用的出價模式，其實方式都對，這幾年最流行的就是參考實價登錄出價，而且都挑最低的行情出價。而屋主則挑最高的行情價爲售出目標，所以總是雙方各說各話沒有交集。但是如果你可以知道屋主售屋動機、跟最近三個月附近雷同案件的成交價，再了解一般我們台灣屋主的開價底價模式就會清楚知道屋主的底價，之後就依照你對該案子的喜歡程度去斟酌如何出價。

以下我來舉例幾個價格模式給想買屋圓夢的人做參考：

一、開價598萬 → 底價550萬或530萬，或500萬實拿或500萬實拿不含增值稅。

二、開價780萬 → 底價750萬（含仲介費、增值稅）。或700萬實拿（增值稅屋主繳）、700萬實拿（不含增值稅）。

三、開價980萬 → 底價950萬（含仲介費、增值稅）。或900萬實拿含增值稅，900萬實拿（不含增值稅）。

四、開價1380萬→ 底價1350萬，1300萬來談，未說明增值稅有沒有含賣方仲介費要給多少？

五、開價1198萬→開價就是底價，完全沒有議價空間。

六、開價1580萬→底價1450萬（含4%仲介費、增值稅）。1400萬可以來談。

以上大概歸納六種開價、底價模式，僅供參考。至於如何猜出屋主底價多少？還是要經驗的累積，一般來說我認為「買的到才賺的到」「如果未來房價還會上漲，那麼現在這個價格就不貴」，所以綜合以上的出價技巧，然後考量對該案子的喜好程度，去考量該如何出價？其實在景氣好的時候，有些買方甚至會以開價跟屋主買，然後付仲介2%服務費。

上述的出價技巧大概都是這些，至於最後要出多少價格買房，相信大家心中都有一把尺。

強協理提示：買方心中自己要有一把尺

1.買得到才賺得到。

2.你要有本事買到又賺到。

3.如果未來房價還會上漲，那麼現在這個價格就不貴。

貴貴買、貴貴賣！

# 5. 買房子要跟誰買

**一、房仲業大品牌**

例如：信X、永X、住X、台X房屋，大品牌具備完整教育訓練，店長、業務人員素質高，且案件多，資訊價格透明化，買賣房子、欺騙行爲較少，主要是價格有一定的標準跟水平。

**二、在地經營很久的小品牌公司**

不動產仲介是一個相當競爭的產業，如果可經營超過10年、20年的不動產仲介公司就有他存在的道理。

**三、該不動產仲介公司的業務人數超過三十人以上**

仲介公司經營最困難的點在於育才跟留才，如果該仲介的店頭人數有超過三十人，代表他們是在地商圈的佼佼者，不管買屋賣屋找他們就會多一分勝算。

**四、該不動產仲介公司有超過兩家分店，最好爲三家店以上的團隊**

大部分的仲介公司爲加盟店，而且是單一店頭，想要在競爭的環境生存下來已經不容易了，何況是可以發展成兩家店、三家店以上的經營團隊，所以這樣的仲介公司會比較有制度，買賣的服務也較好，且價格、資訊透明化，因爲他們的店東是用心經營，所以會注重很多買賣交易細節跟買賣交易安全。

## 五、Top Sales or最認眞的業務

Top Sales之所以是Top Sales是因爲他比一般仲介用心，跟用心的人買房子，容易買到好、又便宜的房子。還有他可以成爲Top Sales 也是經過無數的考驗跟客戶的認同。

另外就是最認眞的業務，因爲屋主通常都會降價給最認眞的業務或者委託給他專任委託，而且最認眞的業務，也會最認眞的幫你找案子跟服務。

# 6. 你的房子價值多少

假設以相同條件的預售屋來計價

例如：新成屋的價格為35萬／坪

中古屋的計算公式

20年屋齡：X $\left(\frac{1}{2}\right)$ → 35萬 X $\left(\frac{1}{2}\right)$ ＝17.5萬／坪

10年屋齡：X $\left(\frac{1}{2}+\frac{1}{4}\right)$ → 35萬 X $\left(\frac{1}{2}+\frac{1}{4}\right)$ ＝ 26.25萬／坪

5年屋齡：X $\left(\frac{1}{2}+\frac{1}{4}+\frac{1}{8}\right)$ 35萬 X → $\left(\frac{1}{2}+\frac{1}{4}+\frac{1}{8}\right)$ ＝30.625萬／坪

以上的公式就可以計算出5、10、20年屋齡的合理房價為一坪多少錢？如果該區域、相同地段、相同坪數、相同條件，如果預售屋價格為每坪35萬，那就可以算出，

20年屋齡的房價為每坪17.5萬元

10年屋齡為每坪26.25萬元

5年屋齡為每坪30.625萬元

★預售屋的價格計算公式爲

新成屋價格 X（1 +i）$^{n}$

i爲投資報酬率 + 風險係數 → 一般爲4%+5%=9%

n爲預售屋興建時間，例如兩年，n=2

假設新成屋價格爲30萬，預售屋價格爲

30萬X（1 +0.09）$^{2}$ → 35.643萬，此爲預售屋價格

# NOTE

NOTE

NOTE

II

# 小資族如何靠房子滾出第一桶金

# 7. 公寓→小套房

有一種基礎投資法，房子改造成收租套房，通常都會選擇沒有設置電梯的公寓，因同棟住戶較少，土地持分較高，但屋齡老舊，一般人、雙薪家庭，或小資族都可以進入的市場，因爲大概只需要300萬左右的資金就可以進入的投資法，而且投資風險很低，幾乎不會有賠錢的風險，但是相對獲利也會比較穩中求勝，比較難有大幅的波段價差，這篇就來分享，公寓改套房，晉升爲小小包租公（婆）。

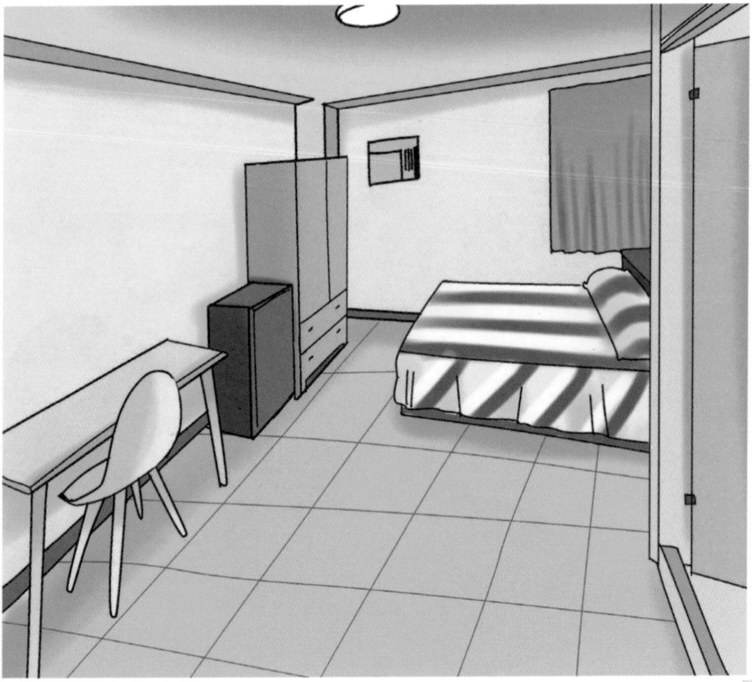

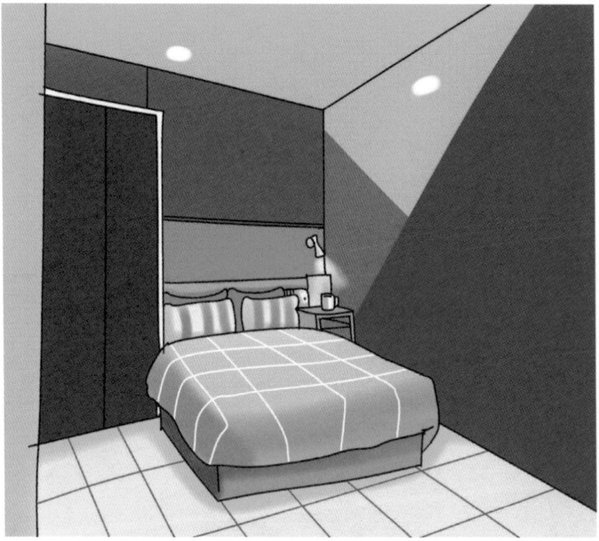

年租金收入

公式：（月租金 X ｛套房數）X 12月｝
（資產價值＋投入成本）

投資報酬率

（資產價值）、(投入成本)

例如：以一間公寓可以改成三間六坪的小套房
一間套房租金可以達到八千元為例。

年租金收入

（8000 X3） X｛12個月｝
（資產價值）或（投入成本）

＝投資報酬率5%～7%之間

？成本應該為多少才划算

資產價值→412萬～576萬之間

Ans：

你的資產價值，也是你的投資成本只能位於在412萬到576萬之間，這樣你的年投資報酬率才能在5%～7%之間，當然如果房子是位於蛋黃區，那你的投資報酬率可以抓在4%上下。

以上所述是一個很入門的投資術，也會有較多瑣碎的細節要注意。

優點：房間數少可降低斷租的風險，租金效益佳，啞巴兒子銀髮族最愛，投資總金額低、容易入手，房子總價低未來容易轉手。

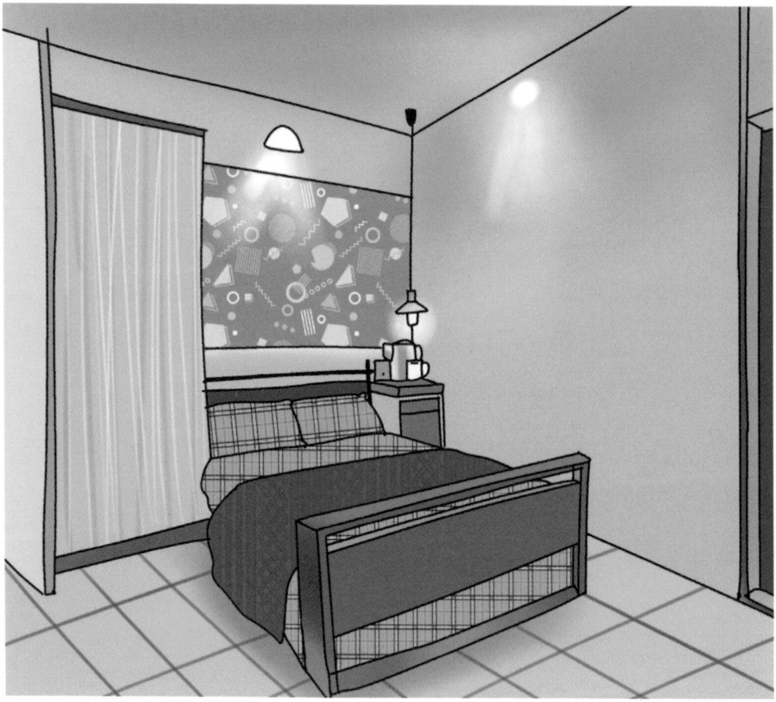

缺點：管理不易，不是單一房客，電燈、水電部分需維修、管理維護、並每個月要彙整水、電錶及核對房租匯入狀況、以及需應付房客各式各樣的臨時突發狀況。

# 8. 舊透天改套房

上一篇公寓改套房，如果有累積一定的經驗值以後，下一階段的投資技巧可以提升至舊透天房子改成套房。透天厝是指「獨棟、獨戶」的住宅，從土地到建物的產權都屬於屋主，享有最完整的隱私空間。由於所需土地較大，此類住宅相對稀有，價格更是驚人，所以一般投資者都會用舊透天改套房，大概也是8～10間左右的房間數。投資金額也會多一些，如果以1200萬～1500萬左右的舊透天

房子，購屋頭款約總價的三～四成，銀行貸款成數抓六～七成，購入成本約360萬～480萬到450萬～600萬的自備款，再加上改裝、裝潢成本。一般會視屋齡、屋況的好壞去概算出預算，約300萬～400萬之間。這樣的改裝成本有包含管線重新配置、外牆拉皮，一間套房約二十萬的成本，包含家電、家具。

坊間有一些專門幫投資者改套房，裝修房子的設計公司、設計師、建築師，如果你自己本身沒有改裝設計的技術跟固定的工班，可以直接委託這樣的公司幫你改裝、裝修。通常投入的資金大概會落在700萬～1000萬上下的資金，會是公寓改成套房的投入資金3～5倍。所以會建議初學者先以入門的公寓改套房入手，等操作熟練後再進入舊透天房子改套房這個進階的產品，這類型的標的物要注意採光跟是否可規劃房間的小陽台，因爲採光好加上有陽台可以獨洗曬空間，這樣的套房租金可以拉高不少，所以最佳標的地坪爲20～30坪，合法建物約45～60坪上下，位於邊間、角間最好。屋齡以20～25年上下爲佳，太新的房子總價通常會比較高，如屋齡太舊屋況會很差，可能要投入太多的裝修成本，所以也不能太舊，如果不是邊間、角間總地坪建議以16坪～20坪的舊透天房子爲主，這樣可以規劃成一層兩間的大套房或一房一廳，而且都可以規劃前後陽台，那就可以間間獨洗曬空間、間間採光，缺點是房間數會比較少，優點是租金比較高，投入成本比較少，房子總價比較低轉手比較容易。

優點：獨棟透天房子屬於自己的資產比較單純，有土地的透天套房保值性比較高，如果未來屋齡老舊也可以打掉重建，房價容易上漲，因爲後手追價意願較高。

缺點：投入的資金相對會比較多一些，總成本會比較高所以會拉低投資報酬率，一般比較市區或蛋黃區，大概也只有4%～5%上下的投資報酬率，有時候甚至不到4%，但是在低利率、高通膨的時代，這類型產品會越來越搶手，導致不斷增值而壓低了投資報酬率。

# 9. 華廈翻修

華廈翻修一般以蛋白區跟低總價的小宅爲主，二十年上下的華廈，通常這些舊華廈要改裝的部分爲漏水、管線重拉、天花板、地板、隔間、衛浴、廚具、油漆、窗簾，與其說是改裝不如說是老屋翻修，你需要的是工班還有設計師，這類型的案件利潤沒有很高，賺的是設計費跟工資，有的甚至沒有設計，就直接老屋翻修而已，所以你本身最好是有木工師傅的背景，因爲木工會佔掉大部分的裝修成本，你可以自己賺工資或者你本身有學設計裝修、會畫圖，因爲另一個較高成本是設計費，不然就是要有長期配合的工班跟木工師傅，這樣你才能壓低成本提高利潤，

有足夠的利潤你才能適當的讓利出售轉手獲利，因為這類型案件賺的是工錢跟設計費，所以周轉率要高，短期獲利。

優點：小成本、轉手快、穩定獲利、風險低。

缺點：低利潤、需相關專業背景或培養工班團隊，以量取勝。

# 10. 二房東&代租代管

通常這類型的項目會是以套房爲主，因爲套房的管理確實比較瑣碎，所以有一些房東會把自己的透天套房、店面套房，請代租代管公司管理，收費以月租金3%～10%不等的抽成作爲代租代管費，假設該棟透天套房月收租金10萬元，3%的抽成爲3000元，至於抽成的部分需與業主去協調。

另外一種爲二房東：屋主本身有10～20間的套房，但因爲年久失修不想再投入翻修成本，所以會整層或整棟包租給二房東。假設有一棟10間的套房，該區租金行情爲一間套房5000元，那整修過後可以月收租金爲5萬元，那麼你跟房東包租的月租金大概要控制在2萬到3萬之間，因爲你還需要投入翻修成本、家具成本、還有管理成本，而套房大概5年要再翻修一次，所以你至少要承租5年以上，這樣你投入的翻修成本才能回收，你的投入成本翻修跟添購家具要控制在3～5萬之間。

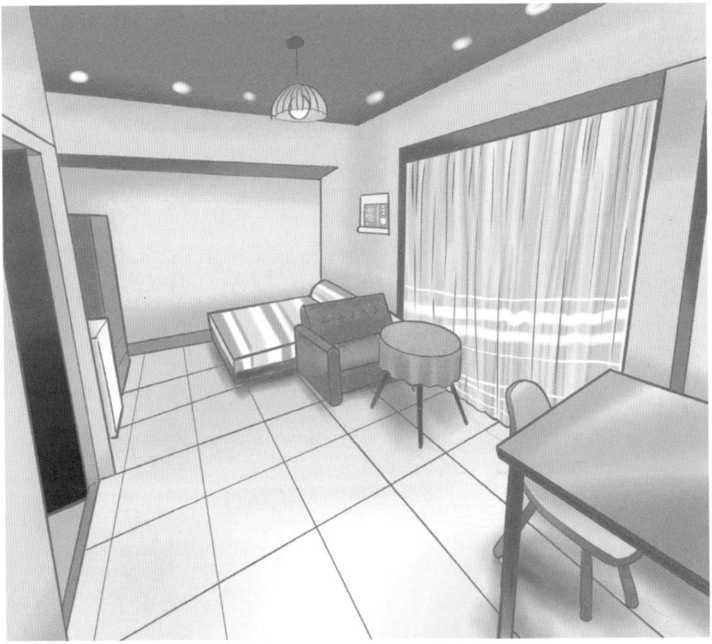

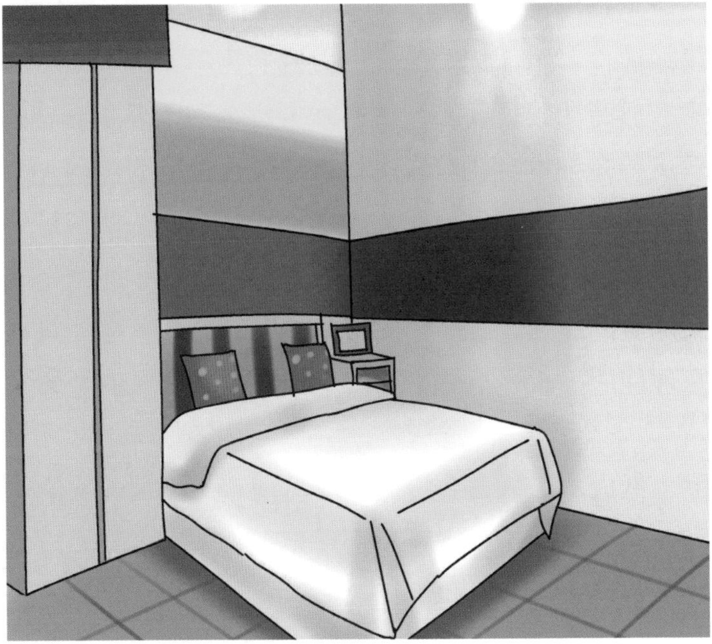

例如：10套房、包租5年、包租月租金2萬～3萬，投入成本30～50萬

投入成本：30萬～50萬之間

包租成本：月租金2萬～3萬 X12個月 X 5年

等於120萬～180萬之間

總租金收入：5萬 X 12個月 X 5年

等於300萬

總租金收入－（投入成本＋包租成本）＝獲利

最高獲利300萬－（30萬＋120萬）＝150萬

最低獲利300萬－（50萬＋180萬）＝70萬

所以你的獲利會落在70萬～150萬之間。

以上這兩種投資項目，大概準備50萬～100萬的現金就可以運作了，這樣的模式已經偏向物業管理了，主要的成本在於時間跟投入的人事成本，資金不用很多屬於小本經營，但是你本身要有一些租賃跟管理套房的經驗，這樣你的套房量才會越來越大，因爲這個投資方法拚的是代租代管跟承包二房東的套房數量，不是比資金，比的是技術力跟開發的能力，既能幫屋主解決閒置資產，還能幫租屋族管理住所，改變租屋市場的環境，這是三贏的產業。

優點：低成本、低資金投入、收益穩定、投資風險低。

缺點：開發案件越來越難，管理事項太繁瑣，時間成本太高，人事成本也高。

# 11. 飯店式管理小宅

大概15年前台中七期有建商推出飯店式管理的小宅，一房一廳、二房一廳、三房兩廳，也有獨立大套房的產品，強調低總價、低頭款，低月付款，當時因為只要自備幾十萬的頭期款，就可以投資此類型產品，所以當時吸引了衆多的小資族、投機客、投資客進場，幾乎沒有自住買盤，如果短期沒有轉單或轉手的人幾乎會被套牢，套牢後就出租收租攤平利息，所以住戶比較複雜一些，也會有一些外商或高階主管負擔得起高房租的租方。然而也有一些信心比較不足或者是認為自己投錯產品，設停損點殺出的投資置產客，所以10年前這類型產品市場價格比較亂，甚至2015~2020年這5年期間價格是下滑的、交易量

是下降的，所以這段期間常常有屋主降價求售或下修價格，甚至有斷頭戶，但還是找不到買方。因爲此類型產品不是三房車位標準住宅，不適合一般小家庭，而是建商炒作出來的產品，所以過去10年如果你擁有的小宅，不是3房或2+1房，幾乎都賺不了增值只有賺到租金。

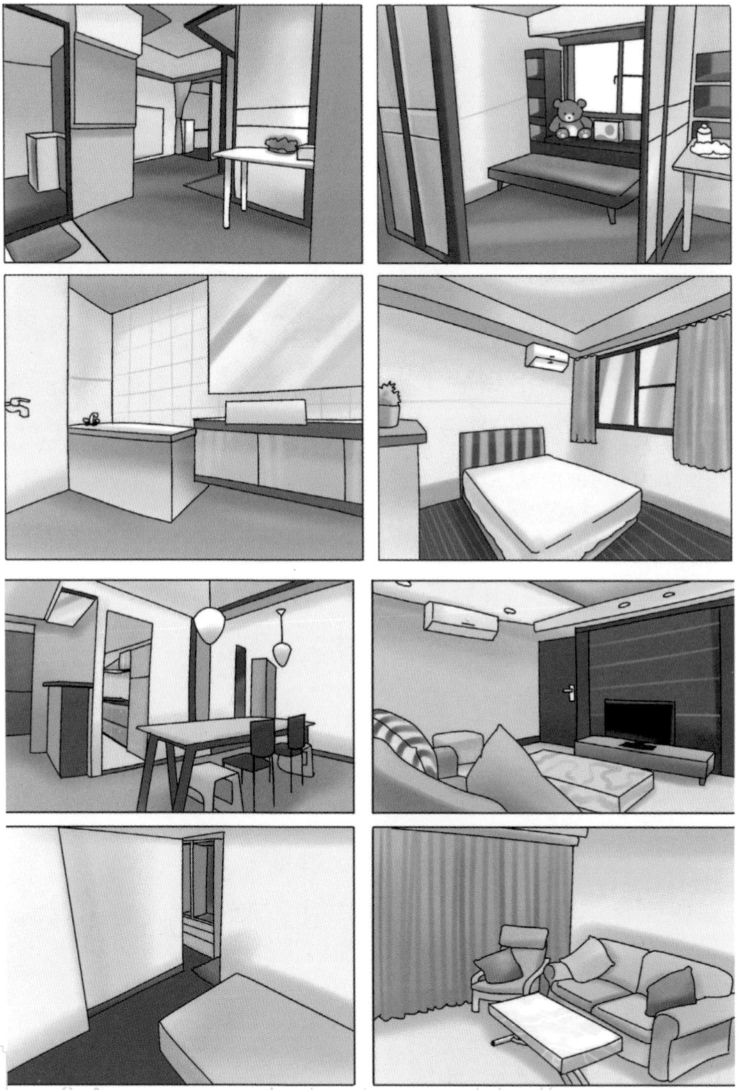

但是自從新冠肺炎引爆全球恐慌，全世界都在QE、大量撒錢造成通膨，而這類型的收租小宅總價低，又因應未來台灣少子化年代，且兩代、三代同堂居住少了，這類2房1廳的房子，突然間供不應求短短1年內拉了快30%的增值幅度。

本人也有一間這類型的飯店小宅，套牢了快10年一度也想認賠殺出，後來秉持著長期持有收租可以小賺一些房租和一直堅持下去存房子的概念，一直留到現在、陰錯陽差而賺了這一個波段的增值，事實再次證明，挑對了地段或者選在蛋黃區，房子還是會有增值的機會。

這幾年市場環境已經有所改變，剛剛所說的飯店式小宅已經從過去的投機、收租型產品躍升爲自住投資置產的主流，原因有以下幾個：

1.土地、建築成本提高三房負擔不起退而求其次二房。

2.少子化，家庭人口數減少，不需要三房。

3.退休人士、銀髮族適合居住。

4.都市化，都會區適合商務人士。

5.收租投資報酬率高、管理容易。

6.總價低、房價增值幅度大。

7.低負擔可以居住在蛋黃區、享受蛋黃區資源。

8.建商炒作主流帶動買氣交易量變大。

9.居住習慣由住家轉成飯店式管理，現代人注重享受與服務此類產品。

優點：置入成本低、可收租自用、轉手容易、抗通膨。

缺點：屋齡久了，失去飯店宅的舒適性，潮流如果退了容易套牢。租金容易隨著裝潢老化而遞減。

# 12. 預售屋

計算公式

新成屋價格 X（1 +i）$^{n}$

i爲投資報酬率 + 風險係數 → 一般爲4%＋5%＝9%

n爲預售屋興建時間一般爲2～3年 n ＝2或3

假設新成屋價格爲30萬，預售屋價格爲

30萬X（1 ＋ 0.09）$^{2}$ → 35.643萬，此爲概抓預售價格

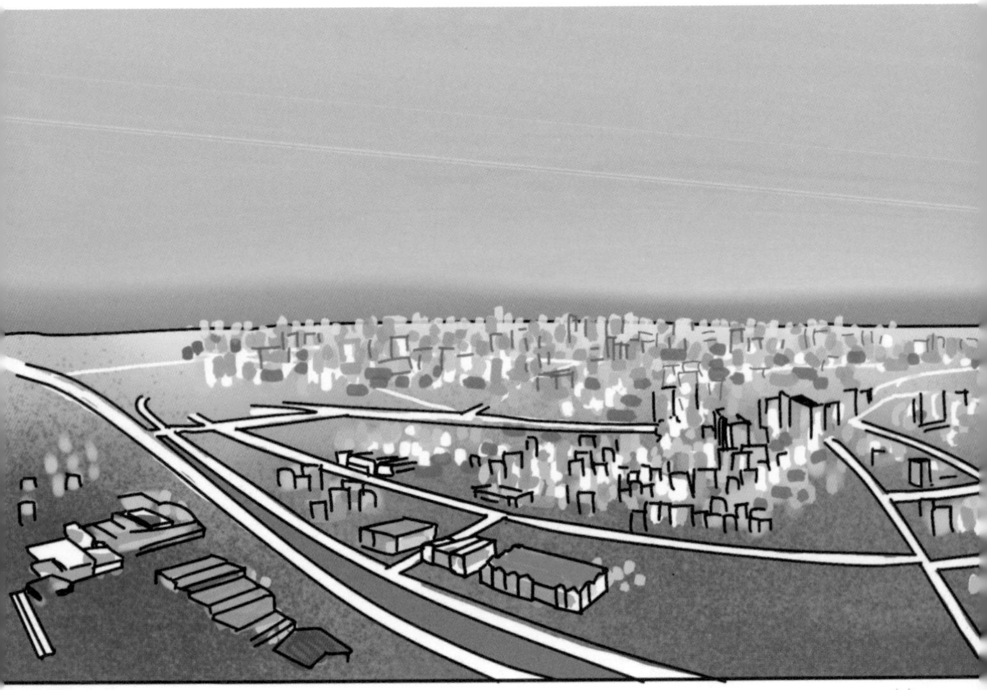

預售屋是一個投資未來的概念，有一種期貨的概念，你看好目前房地產，而去跟建設公司買一個權證，一般簽約款爲總價的1成，中間到交屋前還需要付1～2成，一般交屋完工後貸款是抓7～8成，所以你如果要投資預售屋最理想的狀況，最好手上需有2～3成的現金，這樣你到交屋前的支付款項才不會有缺口。

如果你是以短期投機套利的概念在操作，那在你取得紅單或下訂取得預售合約書時，你就可以開出來給仲介幫你銷售了或請代銷人員幫你轉介紹了。但是你取得的成本會完全透明化，買方會知道你的購屋成本，買方如果要加價跟你買，他需要克服被你賺差價的心魔還有要再加上仲介費，當買方購屋成本提高，你想短期獲利有技術上的困難。

所以你要相當的高竿或者你本身是大戶，一次取得十到二十戶壓低成本價再轉賣套利或者以團購、揪團買屋，壓低進貨成本，以量制價另外一種就是你眼光精準，善於計算房價跟抓得到房價未來走勢，那麼你投資預售屋才能成爲常勝軍，若沒有這樣的能力，也不是大戶，又揪不到團，那麼有一個很簡單的方法可以讓你穩賺不賠。

以自住的概念投資預售屋，買進一個你喜歡的預售屋，以自住的概念持有它，然後開出一個自己滿意的獲利的價格，再委託仲介公司公開幫忙銷售，未達到你的獲利滿足點前不要賣。如果到交屋後還賣不掉就搬進去住，賣掉你原本的住家，再去尋找下一間預售投資標的，以時間換取空間，而且手上需要準備3成的現金。

這個方法可以讓你在預售屋投資項目立於不敗之地，而且常常有新房子可以住（如果套牢的話），如果沒套牢就獲利了結，你可以用這樣的預售投資心法，去累積你投資預售屋的經驗，從這個投資項目，穩中求勝。

優點：新屋且可事先變更格局（客變）、小額投資、定期定額、拉長籌備資金的準備，交屋前沒有房貸壓力、管理費、短線獲利，周轉快。

缺點：投機性質高，多數建商不讓利，沒有成屋可看，容易買到地雷，等待時間長、建商可能倒閉、適合房地產熱絡時投資，市場情況反轉時跌價快。

強協理提示：如果對預售屋情有獨鍾或想要多了解預售屋的訊息及購買方式，建議多逛預售屋的接待中心，接待中心會介紹關於這個區域未來的發展藍圖所有的利多，掌握這些訊息後，再回家做功課，評估自己設定的夢想家，這樣就會簡單多了。

NOTE

# III

# 如何靠房地產<br>發家致富

# 13. 店面＋套房（店套）

透套再往上推一階就是改店套，店套以店面的價值爲主、套房爲輔，一般20米大馬路的總價會比較高，大概會落在3500萬～5000萬上下這個區間的總價，8～12米的次要道路或街上的店套會落在2500萬～3500萬上下，店套最低階的還會有一些6～8米小巷子內的店套，通常這樣的店套幾乎快沒有店面效益了，只能當工作室或登記公司的小店面。

第一等級：20米大馬路3500萬～5000萬。

第二等級：8～12米路（街）2500萬～3500萬。

第三等級：6～8米（街）巷1500萬～2500萬。

如果低於以上這三等店套，大概就會變成透套。高於5000萬以上的，也有超過一億元、一億元以上還可以改成商旅、甚至飯店。一般來說如果你的資本沒有很多，只有1000萬～2000萬之間，大部分就會從透套等級跳上來改裝投資店套，在這邊我會建議各位從第三等、

第二等級商品著手。因爲這兩個等級會跟透套比較像，只是一樓變成店面，所以這類型的產品，一定要大面寬、邊間跟角店，因爲一定要有獨立出入口，如果1～2樓店面效益好的話，建議二樓也留著當店面使用，有時候二樓也可以租給美容、美髮店或公司行號，這類型產品著重在店面，所以盡量以拉高店面的租金爲主。

套房的部分除了看裝潢外最好能加裝電梯，這樣套房租金也能拉高，一般專業的投資客會以第三等、第二等商品的店套著手改裝好，創造出高投資報酬率，然後轉手賣給收租置產客。一般這類型的產品有3%的投資報酬率，就會有置產客會買，因爲有店面效益，買方的想法都會傾向以後也可以自己開公司或做生意可以用，所以大部分置產客很喜歡這類型的產品。

接著如果你可以改裝幾間案件，轉手獲利後，你也可以挑戰第一等的店套，一般的投資好手，手中多少都會留一、二棟比較指標型或比較指標路段店套收租，不一定會賣掉獲利，因爲可以當傳家寶，另外一種意義就是身分跟地位的象徵。

優點：增值性強、店面可以自用轉手容易，市場上屬於供不應求的產品。

缺點：改裝素材越來越難找了，一般屋主價格比較堅持，不容易壓低成本，投資報酬率比較低。

# 14. 自地自建晉升小建商



我有一個客戶他的成長軌跡就是從三間小套房→透套→店套→自地自建小透套→自地自建店套，累積了三十年來到建商的規模，身家上億，甚至好幾個億，據我所了解，他三十年來都聚焦在套房的投資跟興建，聚沙成塔，手上有幾百間的套房在收租，年收租金上千萬，成爲眞正的現代包租公。在前幾篇已經有詳細介紹套房的投資方法，通常前面的透套、店套改裝或轉手三棟以上，你大概就會來到自地自建的這個層次，或投資小塊的土地，可以蓋透套跟店套的地。

自地自建，有幾個要點：

1.配合的建築師、設計師。

2.營造廠。

3.土地的挑選與置入成本。

4.配合的銀行。

5.配合的仲介（買與賣的夥伴）。

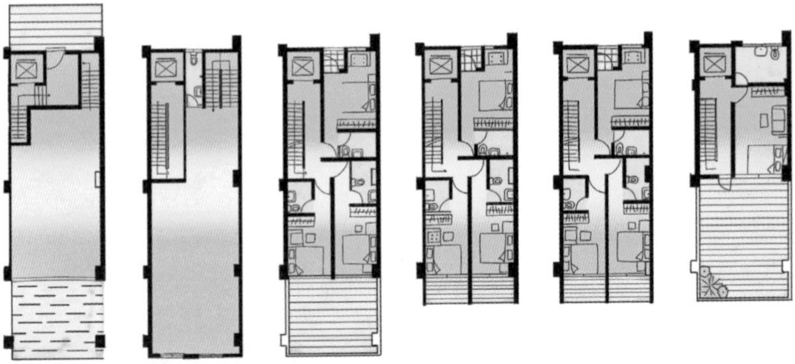

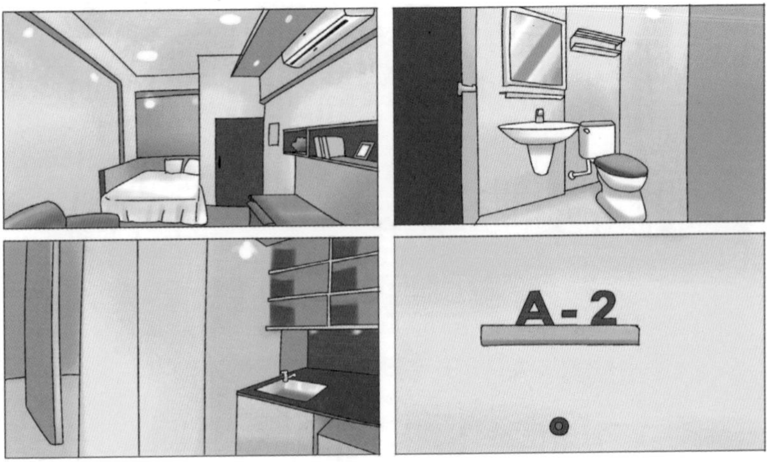

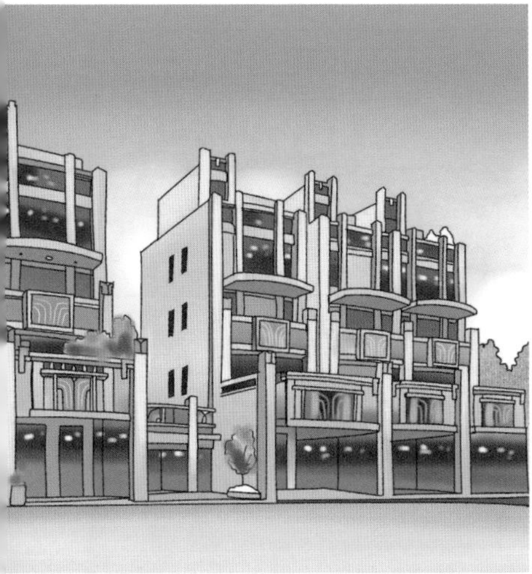 

以上是我個人認爲最重要的五項要點，如果你前面的透套、店套改裝有一定的買賣轉手跟經營管理經驗，那你自然就會蓋透套、店套，細節的部分恕我也無法詳細分享，畢竟我不是建商，目前也還沒有蓋房子的經驗，而要分享客戶蓋房子的過程跟方法，要投入的金額不是我目前能力可以辦得到，所以無法分享細節，但是方法大概就是我上面提的那五項要點。

優點：全新完工可以長期持有，全新屋況比較不會有老房子的問題，租金可拉到最高。

缺點：投入成本大、興建期二～三年（無法收租），技術性較高難以駕馭，相對風險大。萬丈高樓平地起。

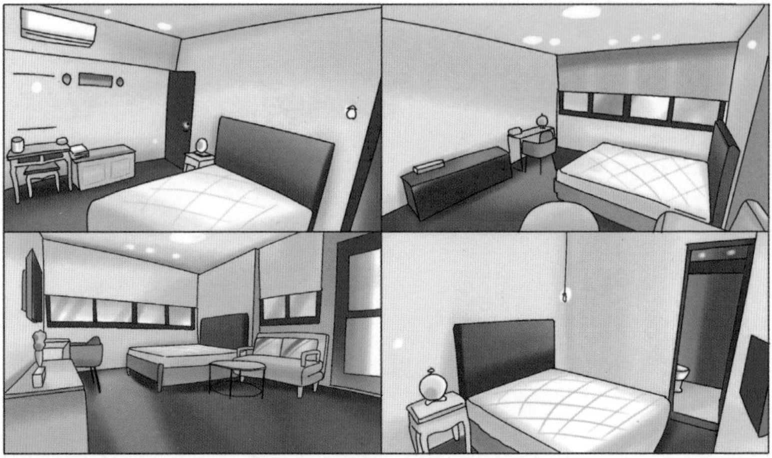

# 15. 商旅飯店

自地自建小建商，持續累積下來的，通常他們還會持續進化經營民宿、商旅、小型飯店，之後還會買進重劃區比較好一點的土地或舊市區比較便宜的地，容積率高一些的地，直接自地自建商旅或合法飯店，有一些也會選在觀光夜市找一些住三或商一、商二的小塊土地約50坪上下或100坪上下，蓋小型商旅，跨足飯店觀光業，如果到了這個層次時，還要具備經營飯店的軟實力，也可異業結盟，請專業的飯店管理者幫你經營，如果真的有到這種程度的客戶，買方也會直接買賣整棟的商旅或合法飯店。

優點：永續經營、跨足商旅飯店、地產建設公司。
缺點：經營競爭風險，軟實力需要不斷優化提升。

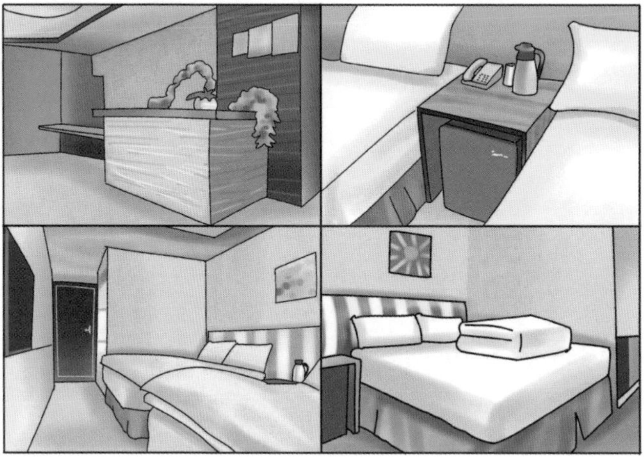

# 16. 商場規劃

有一種頂級的收租模式，就是跟地主承租土地蓋商場再租給連鎖超商、餐廳、連鎖服飾店、咖啡店、超市…，此類型的規劃主要的技術力在於是否有掌握租客（大型租客），你要有租方在手才能去做這樣的規劃，而且你對市場需求要掌握精準。

接下來是興建跟規劃的技巧，通常這類型的投資者，會先選擇土地請租方去考察評估，如果租方同意了，他才會去承租土地興建商場，再者租金跟投資報酬，符合所得利潤他們才會願意投資，假如地主租金抓太高，沒有利潤的案子他們也會放棄，因爲租方的租金都是有精算過的，而且都是打長期合約（十年左右），所以租客佔了80%的關鍵，整個規劃前提之下沒有利潤就不會去做，畢竟賠錢的生意沒人做。

這種頂級的投資者一般資金都很雄厚，所以有一些不錯的土地他們也會自己買下來養地或創造租金提高投資報酬率再轉手獲利，這類型的商場興建在逢甲夜市、一中夜市有幾個很成功的案例，租金投資報酬率都很驚人、轉手獲利也都相當可觀。

優點：進可攻退可守，承租方式可賺租金價差，買賣方式可養地跟賺取大幅度的增值。

缺點：土地難尋，整合不易，租客、租金越來越精算了，需大筆資金跟較長興建施工期。

# 17. 商辦大樓

早期台中區域的商辦大樓空租率非常高，租金價格直直落，可以說是票房毒藥，很多屋主都套牢了。

第一手買的價格放了十年、二十年，把收來的租金加進出，都還賠錢，所以這十五年來很少有投資者買進商辦，除了自用外很少有利潤可圖。

但是最近五到八年期間，台中七期的商辦大樓有急拉了一波漲幅，到目前2022年還是持續緩步上漲，屋主惜售，租金持續上漲，價格已經逐步站穩，單坪價已來四十萬了，未來還有機會持續往上推升，原因有幾個：

1.台商回流，總部設在台中七期。

2.台中七期土地飆升，可以蓋商辦的土地很稀有。

3.月租金持續創高。

4.銀行、保險、證券、大型企業持續進駐，也有銀行直接買地蓋總部。

5.新市政中心、百貨公司、豪宅聚落，台中七期儼然是台中信義計畫區、台中曼哈頓。

優點：租金高而穩定，房價持續增值、投資自用皆宜。

缺點：商辦仍有少數灰色企業進駐，例如：博弈…等，稍嫌複雜。

# 18. 店面



店面：有一句話是這樣說的「點要好，面要漂亮」叫做店面（台語發音），店面一般都是用來做生意，所以地點要好，面寬要漂亮才夠顯眼、有廣告效益、好停車，店面一般有單店面、雙店面、邊間、角店、大面寬店面。

一般的樓店有：純1樓、1～2樓、1～3樓、或B1～1樓、B1～2樓，有增建、違建、假透天……等等。以上談的是大樓樓下的樓店、有一些是公寓式的店面，地點有6米巷，8米路寬的街，10米路、12米路、15米路、20米路、30米路，有分隔島、無分隔島、單行道、雙向道……等等。

樓店以一樓的室內坪數的大小，可以決定該店面的價值性、連鎖便利商店都喜歡一樓室內坪數大於30坪的大面寬跟角店，所以一樓室內坪數越大，價值性越高，租金收益越好，可承租的行業也比較多，如果一樓室內坪都是合法的，還可以租給診所、補習班租金可以更高。另一個重點就是地段、地段、地段，好的店面著重地段，次之是租金收益、投資報酬率（2%～4%）之間，再來就是你租客的質，另外一個就是賣稀有性、獨特性、未來性……等等。

如果你是自用，就要注意適不適用，其他的優點只是附加價值而已，對你本身影響不大。

優點：單一租客收租容易，增值性強，自用收租皆宜，啞巴兒子每個月都會匯錢給你。

缺點：貸款成數低約五～六成，有空租的風險，怕待租期、空租閒置期太長。

# 19. 透天店面

透天型的店面投資的範圍金額可以抓得很寬，小一點的金額兩千萬上下，大一點可以到兩億上下，一般投資透天店面的客戶年齡層比較年長跟老派，資歷也比較深，大部分都是投資房地產界的老手、高手，如果是自用型客戶以醫生、醫生娘居多。置產型的以企業主、台商爲主，不管是自用、置產、投資的類型，其實他們都是各行各業的佼佼者、金字塔頂端的人、IQ、EQ都是非常高的，所以不管你要買或賣你所面對的對手都不是普通人。

另一點就是你投資的標的物要非常精準，還有該案子的未來性也很重要，租客租金的品質也要非常好，地段也是非常重要，總之買賣透店一定要買好的店面，還有要有心理準備好的東西一定貴，套一句老派投資客說的「貴貴得買，貴貴得賣」（台語發音），透店的部分眞的比較難買到便宜又好的案子，除非特殊狀況，例如：分家產、企業主急需資金周轉賣掉店面保住公司之類的，或欠下大筆的賭債、地下錢莊討債……等等。

但是此類案件可遇不可求，大部分會被投資老手，先取得資訊先買走因爲他們在業界打滾少則十幾年，多則三、四十年，消息的來源管道，認識的代書、仲介、錢莊很多，所以上述的特殊狀況他們會第一手取得資訊，他們取得案件後也會短線獲利了結，抓10%上下的利潤就售出，除非案件眞的很漂亮，利潤大概就會抓15%～20%之間，周轉時間抓3～6個月，轉速相當快，量也很大，所以一年做個五件十件，年獲利都有一兩千萬不等，有的甚至一個案子一年內轉手就賺五百萬、八百萬、一千萬不等。

所以如果以投資買賣來說，買賣透店已經是相當頂端的投資者，僅次於土地買賣跟建商了，但是這十五～二十年來台灣的房價只有幾次的小幅拉回，其他幾乎都在上漲，使得店面幾乎只有漲沒有跌，而且有租金效益，所以現在店面的屋主都要賣很貴，幾乎沒有套利空間，只剩下收租、自用的用途，所以呈現量縮價漲的狀況。

若你不是老手投資者，也沒有精準的眼光或預測店面未來價格的能力，那麼要在此項目獲勝還有一個好方法，就是挑一個有好承租方的店面，穩定長期收租、用時間換空間，我有幾個客戶就是這樣，通常他們都是企業主、台商，只買不賣，而且手中有5～10間不等的好案子，目前都有好的承租方，總價也大概坐落在五千萬～一億不等，承租方跟租金收益都非常的好，且他們手中的店面每年都呈現緩步上漲，非常保值跟抗通膨。

優點：收租、增值、抗通膨，可以當傳家寶。透店有天有地，可以打掉重建。

缺點：房價總價高、貸款成數低，你的對手都是高手、買賣難度高。

## 20. 別墅





一般這類型的案件爲自住自用型居多，在自用市場有一定的客群，永遠都會有人想要擁有自己的透天電梯別墅。不管在任何區域、地段、鄉鎮市，因爲這類型的產品代表的是身分地位，還有夢想，所以很多建商都喜歡蓋這類型的產品，尤其在外圍鄉鎮市，只要土地成本沒有買太高，施工品質不要太差，幾乎都賣得掉，要完銷並不難，尤其是在景氣好的時候，你只要推案量跟戶數不要太多，抓一定的利潤，都會有一定的獲利，所以很多中小型建商幾乎都從外圍起家，再一路往市區、市中心發展。

市中心也有分蛋白、蛋黃區、別墅這類產品蛋白區或重劃區會比較多建案，因爲土地成本比較低，重劃好的土地也會比較方正、好規劃，除了大建商外，市區的別墅大部分爲2～8戶之間，因爲總價比較高，少則四千萬上下、多則六千萬上下，所以即使只有2戶，也是一億的推案，在鄉下可以蓋8～10戶了，所以加上購地跟建築成本，如果不貸款的情況下，至少都要六～八千萬不等的資金，這是以2～3戶計算，如果8～10戶左右，可能就要準備三～五億的資金流了，但是一般不可能全部都是現金，幾乎都有配合銀行，至於興建祕訣跟成本計算就要有實際相關建案背景了，在這裡也是只能分享此類投資的可能性了，在這個領域我個人的建議是（自住自用），但是如果你可以跨足或轉型爲建商時，可以去鄉鎮市買地蓋幾間別墅試一下跟練蓋房子的基本功。

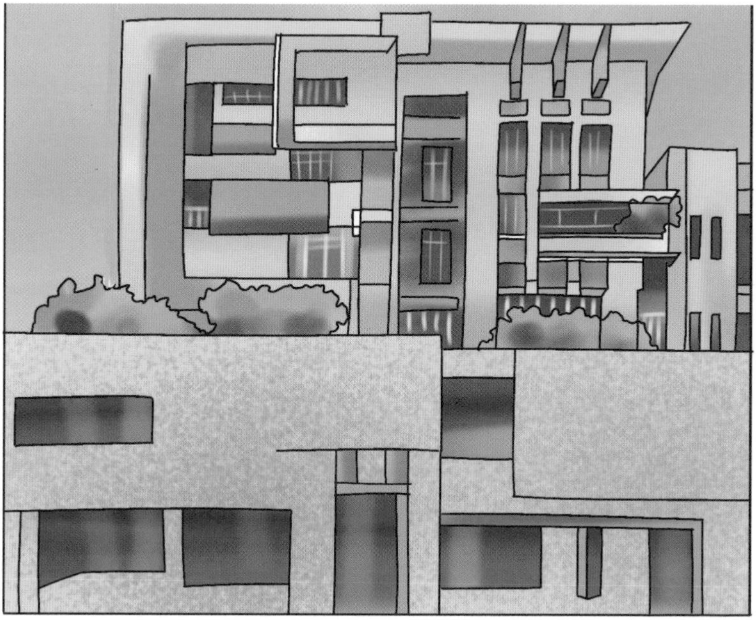

# 21. 農地

台中有很多農地的傳奇故事，例如：逢甲大家族、何厝庄……等等，我有幾個客戶年紀輕輕身家就有三億、五億不等而且年紀只有三十初歲的，詳談之下才知道他們是逢甲大家族第三代，何厝庄的人，早期在他們阿公、阿祖輩，都是台中農地的地主，就擁有大批的農地，一直傳承下來，其中有一些在台灣大道、文心路、逢甲、七期這些黃金地段跟蛋黃區，土地經重劃後，一路從幾萬塊一坪，翻漲到2021年幾百萬一坪，可以說上漲上百倍，但是那是經過幾代的累積，所以有一些老一輩的地主都會說農地是留給後代子孫花的。

七期新市政中心區域圖

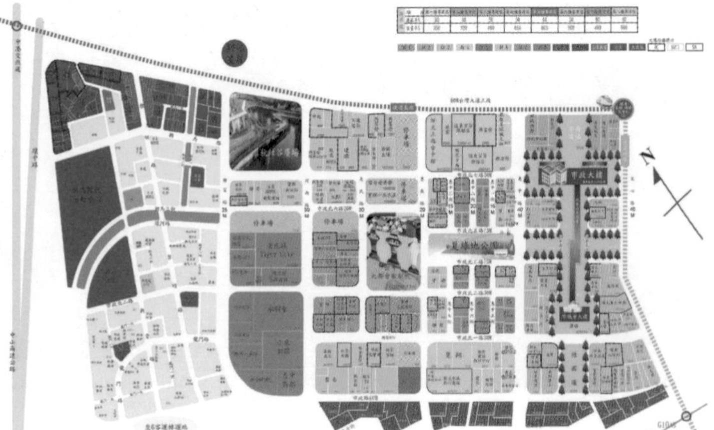

有一些是年輕的時候繼承了農地，經過重劃後，翻轉成好幾個億，一般這樣的土地，他們會賣給建商然後分家，分家後有的繼續去外圍買進農地再參與重劃，有的會買進收租型產品收租，因爲農地一放就是幾十年而且沒有租金收入。

另外一種買賣農地的人是要節稅或規避房地合一稅，總歸一句話「有土斯有財」，農地這項投資永遠會有市場，看個人喜好，甚至一些有錢人特地買農地蓋別墅然後稱之爲農舍，所以農地也快變成有錢人的收藏，有錢人的象徵了。（農夫←→有錢人）。

# 22. 重劃區土地

土地重劃帶動了城市的發展，大量的土地釋出帶動了建商推案的意願，因爲重劃區建設完善、街道整齊、土地方正、土地取得較舊市區容易，不用都更，沒有老地主的杯葛，更沒有釘子戶，早期台中四期、五期、七期重劃區帶動了台中全面的土地重劃風潮，還有建商申請自辦重劃區，現在已經重劃到十四期了，單元一、二、三、五幾乎整個台中市都快看不到農地了，帶動了這十年來的土地重劃的黃金期，造就了很多「田僑仔」。

建設公司在這十年甚至二十年都大發利市，連帶比較外圍的區域，以前的台中縣，農地也不斷上漲，很多大咖的置產投資者、小建商，因爲這些土地重劃前、中、後的土地交易買賣跟置產都賺進相當可觀的利潤，甚至有一些專做土地買賣的仲介地產公司，都直接投資建設部門跟成立建設公司，由此可見土地的重劃前、中、後挾帶了多大

的商機跟利潤，只要是有實力者都會參與這一波土地重劃買賣，但是如果你不是原始地主，就眞的要比口袋的深度了。土地買賣確實不是一般客戶能夠參與的，小單位一兩個億，大單位十個億二十個億都很常見，連仲介也都是要經驗十足，專業十足才能夠服務的起這些客戶。

雖然土地重劃買賣有很多一般人根本就無法了解的內幕與細節，因爲利益太大了，所以有很多不能說的祕密、潛規則，但是以一個都市的發展，土地重劃確實是建築、建設的火車頭，因爲如果沒有土地的供給，那麼地產業的上、中、下游，全部會停滯或者趨緩，經濟活動就會變少，各行各業也會下滑，以台中的鄰居彰化爲例就是這個現象，可以說是失落將近二十年，人口不斷外移，甚至都跑到台中買房定居。

我本身就是彰化人，移居台中已經十年，在台中工作十五年，見證了這十五年來重劃區的成功、都市發展的成功重大建設的成功，因爲我在台中已經有十五年的仲介經驗、投資買賣經驗，除了仲介本業小有成就外，投資買賣也頗有心得，所以根據我實際的從業經驗眞的很建議，尙未有重劃區的都市，有關的政府地方單位眞的要著手去進行跟規劃，這樣才能帶動地方發展跟建設，進而民生富足。在這裡也建議，如果您是有能力者，眞的可以買進重劃區土地或收購重劃前農地，因爲只要口袋夠深、氣夠長，那麼你的資產要翻漲3～5倍，甚至10倍上下都是有可能的。

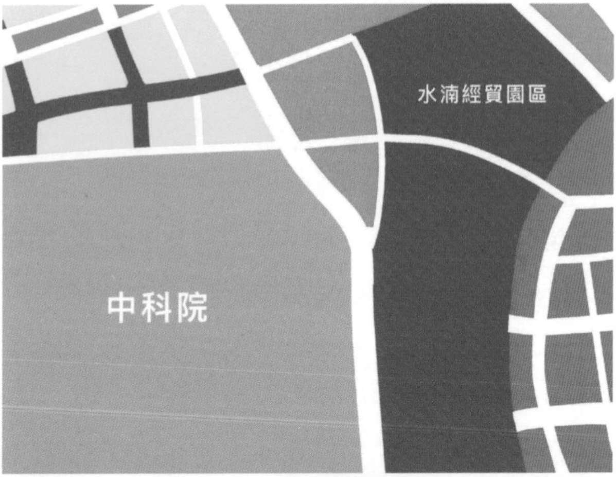

# NOTE

NOTE

IV

# 投資者的心法

# 23. 多少錢買房才合理

我個人認爲房子的價格分三種，過去、現在、未來，這三種。過去的價格最好查證，現在有實價登錄，你可以直接查詢的，你可以了解過去每個時間點的房價，但是仲介有流傳一句話，「誰記得，誰痛苦」，賣方因爲賣太便宜所以很痛苦，買方記得三年前一坪才賣十萬的價格，現在一坪要價二十萬，買不下去的痛苦，所以過去的房價僅供參考，幫助不大。

現在的價格，就是市場上有在賣的案件，開出來的價格，但是有成交才是行情，通常第一手的成交資訊與降價資訊只有在第一線的仲介最容易知道，與仲介有良好關係可以得到第一手的降價或低於市場行情的資訊，所以很多有在買賣不動產的投資人士對仲介又愛又恨，愛的是他的資訊，恨的是他的仲介技巧與話術，但是又不得不依賴仲介的媒介服務，所以坊間有一些課程在教你如何破解仲介話術技巧、如何與仲介周旋、建立關係、如何出價、如何獲得第一手消息，這也是80%的人購屋模式跟出價模式。

我個人的建議是，只要該房子是你喜歡的、用的到，那麼只要不偏離三～六個月的成交行情（可以查實價登錄）其實都可以買，因爲房地產看的是長期持有的獲利、增值，而不是短線的賺價差，所以你當下要決定一個不動產時要考量你自己本身的需求，大概搜集一下該產品類別的資訊，看過十到二十回左右，你大概就可以知道你喜歡哪一類型的房子跟該出多少價？所以你不必刻意去巴結仲介或想辦法對付仲介，最重要的是你自己的心中那一把尺，跟你有多少自備款，你的條件可以貸款幾成，你的收入可以每月支付的房貸金額是多少，還有你自己心目中的理想房子是什麼，你自己喜歡跟用的到最重要。價格次之，但是一定要符合行情，不能超出行情太多，一般是行情正負5%～10%左右都是合理範圍。

未來的價格，這個說法有點沒有說服力，畢竟未來的事誰敢鐵口直斷，但是還辦得到，基本上未來的價格會隨著重大建設在走，就是我們常說的未來性，而且會有一些參考數據，例如台北的捷運完工前與完工後的房價差多少？可以套用在高雄跟台中的捷運宅做為參考，但是因為地理環境跟人口密集度不同，還是會有落差，但是畢竟是重大交通建設，所以未來會有一個上漲價格，這樣大概可以預測出一個未來價格。另外一種就是重大的經濟事件，例如：金融海嘯，專家會以過去的經驗或整體經濟環境會預測出有多大的房價下修幅度，還有一種是政府的政策，例如開徵房地合一稅，這種重大的稅制，造成房價下修10%～20%上下不等的房價。另外一個方法就比較沒有科學數據的根據，就是以經驗去判斷，該房子未來的價格，一般只有資深房仲跟有多年買賣經驗的投資人士有這樣的能力，因為他們看過、買過、賣過的房子太多了，該房子未來會不會增值，他們有時候一眼就能看穿，因為他們太有經驗了，他們很會抓成本，很會算投資報酬率，很會抓停利點，所以他們會是房地產的常勝軍，這種經驗的東西有時候是學不會、教不會的，唯有透過真實的買賣才能慢慢去體會，跟累積自己的實力，所以如果你要做一個房產投資達人，你還是要勤做功課，跟增加自己的買賣經驗，還有一個重點是不能貪，要有適當的停利點，然後讓自己的買賣次數多一點，這樣你就有機會學會判斷，該房子未來的價格，跟做仲介一樣「只有累積，沒有奇蹟」。

當你對房子的過去、現在、未來的價格判斷有80%左右的精準度時，你自然就能出一個合理的價格買房子。

# 24. 富人區的窮房子



「千萬買屋，億萬買鄰」這是一句老話，但是真的很受用。我在31歲要買第一間房子時有兩個選擇，一間是一線建商品牌、次頂樓、無限視野外加可以看夜景，但是區域在台中工業區，該建案應該是該區最好的品牌，而且全新剛交屋的好房子，另外一個選擇是最差的品牌，三年屋、後棟（以後會被擋到），但是區域在七期、豪宅特區，雖然工業區的那個房子我非常的喜歡，可是後來我還是爲了學區選擇了七期的那個不好的房子，但是在兩年後印證了那句話，買房要買富人區的窮房子，不要買窮人區的富房子，因爲七期的那個窮房子漲了30%，工業區的那間富房子，完全沒有增值，我本身的這個故事一直激勵著我，買住家一定要買在富人區，後來我有釐淸富人區有幾個特點：

1.治安好，安全性高。

2.學區好，明星學區。

3.公園綠地多。

4.住戶素質高，多醫生、企業主、政商名流。

5.交通便利。

6.人文素質優，名人多。

總歸一句住在富人區就是心情好、正向磁場強，所以你要想辦法要讓你的房子在富人區內，最大的原因就是它會不斷的增值。

# 25. 豪宅適合投資置產嗎？



就我的觀察2011～2020年的台中七期豪宅市場是處於停滯盤整的狀況，因爲往前推五到十年台灣的豪宅有一波炒作的風氣，當時我入行當仲介的第一志願就是想到台中七期豪宅區當豪宅達人，結果被公司分發到逢甲的店頭，卻意外成爲買賣店面的達人，後來晉升爲店長時被調到七期的店頭任職，一直在七期這個豪宅特區當了六年的店長，而在這個時期的豪宅不論成交量還是價格都是在盤整跟下滑的，只有少數高竿的投資客有賺到一些價差，他們是採用裝潢包裝的模式，一條龍服務，賺一些設計裝潢費，跟一些價差，所以利潤不一定比店面還多，因爲總價差不多，但是利潤比店面低如果以比較法來算CP值會比較低。過去十年台中七期豪宅的產品比較不好獲利，風險大、利潤低，投資客也紛紛退場。豪宅算是高總價的房地產，既然是高總價房地產，那麼意謂同樣的總價你有很多的選擇，例如店面、土地、店套、商旅、商辦……等等商用不動產，所以如果你是以投資獲利爲目的，那麼你要精算同一筆錢放在豪宅或其他商用不動產上，你的CP值哪一個比較高，例如：我前一陣子遇到一位在七期豪宅著墨二十年的投資專家，她的操作模式是買進三千萬～四千萬上下的裝潢戶，以高租金約十萬上下的月租金出租、收租，再賺取長線的房價增值，沒有做短線操作，這二十年來平均的獲利都有20%、30%、40%不等，算是一個相當高竿的投資專家，而且他都會挑好的物件跟等待時機，等待豪宅投資的門外漢認賠殺出，或者有錢人高資產客換屋的物件。因爲這類金字塔頂端的人居住的房子裝潢都很有品味而且自住，所以使用的建材跟家具都價值不菲，而且通常這類型的房子最好談價格，因爲他只是要處理一個問題而已，那就是把房子售出，所以買到此種豪宅，一般是賺到裝潢跟設計師的費用，而且有錢人一般還會請知名設計師做室內設計，有時候光是「裝潢+家具」就一千萬上下了，而他們住個五年、七年就換屋了，這時候你如果識貨、買到此類產品，再先收租、然後等市場價格往上時再賣出，眞的會有20%、30%、40%以上的獲利。

另外一種就是接收豪宅（投資門外漢）的房子，很多人手上有一筆資金大概一千萬或兩千萬不等，因爲看到媒體報導或建商的促銷、包裝情況下而衝動購買了豪宅，而有一些是爲了彰顯身分，因爲去飯局應酬、聽到友人吹噓自己有幾戶的豪宅，所以也跟風買進，像這類型的豪宅投資者有幾個盲點：

1.被促銷買到高於行情的豪宅。

2.買到次品牌、次等商品（不好的棟別、格局、車位、坪數）。

3.有一些買了毛胚屋，不懂裝潢會墊高成本。

4.隱性成本，管理費、銀行利息..等沒有考量到成本內。



這類型的豪宅投資者，因爲沒有專業豪宅的投資經驗，因爲一時衝動或被促銷而買進豪宅，沒有自住自用，而且還要額外投入一筆裝潢資金（沒有裝潢預算），再加上每月的管理費、銀行利息支出、通常到貸款寬限期過了，要連本帶利還貸款時，就會很吃緊，加上沒有租金效益，所以這類型的門外漢投資者，通常只有在景氣好的時候，會賺到一些些房子價差，如果在房地產盤整或下修時或者他個人有資金缺口時，一般會被更專業、一條龍服務（有設計裝潢的團隊）當成韭菜收割。

以上是我過去十年觀察到豪宅投資生態，基本上比較大的利潤大部分是被建商賺走，還有地主，七期是台中的豪宅特區，剛開始炒作時新市政中心、國家歌劇院、秋紅谷，都還沒有完工，只有幾座大型的公園、綠園道，所以更早之前的七期土地非常便宜，甚至一坪最低的時候是二字頭，而且二十年前七期剛重劃完有很多空地，所以很多八大行業、汽車旅館都進駐在七期，導致那時候七期預售屋、新成屋的價格並沒有很高，因爲土地、建築成本在當時也是相對低點，所以前十年七期的房子往上增值幅度很快，不管建商、投資客置產客的獲利都很可觀，仲介在七期也很活絡，但是十年的好光景隨著第一手地主都賣的差不多、土地一路從最低的二字頭，注意是二十萬一坪，不是二百萬喔。一路上漲到五十、一百、二百萬，當來到二百萬時，加上建築成本的高漲，其實那時候大家的好光景已經差不多了，二線、三線的建商也慢慢被洗掉了，因爲土地成本太高，不是一線品牌推出的豪宅，品質不夠，客戶比較不會買單，所以慢慢形成強者恆強的局勢，豪宅市場慢慢被一線品牌掌握，後來形成一線品牌推出更高單價的豪宅，專攻自住自用客的市場，完全沒有讓利給投資客。

另外一方面是土地的持有者剩下一些高竿的地主跟建商，他們不斷的把土地的價格墊高上去，把最大的利潤都賺走了，在地主跟建商把比較大的利潤賺走後，後面的投資者操作的空間就越來越小了，最近十年的豪宅投資買賣上的利潤並不大，所以台中七期近十年的豪宅投資環境可以說是失落了十年，只有前面提到的那兩類更高竿的投資者獲利外，其他的投資者幾乎都認賠殺出。

最近這五年豪宅市場，在新市政中心、國家歌劇院、秋紅谷陸續完工，八大行業陸續退出七期情況下，加上幾棟大型商辦陸續完工，七期儼然形成一個豪宅特區、幾乎中部五縣市或北部南部的金字塔頂端的人都持有七期的豪宅，所以現在的七期豪宅有90%是自住自用市場。

如果以我個人的看法跟做法，也是不傾向豪宅投資買賣，因爲相同的總價其他的商用不動產CP值比較高，而且大部分有租金收益，相較之下事半功倍，獲利益更大。

優點：買賣雙方的層次比較優質，都比較注重合約精神，買賣金額比較大獲利只要10%就會很可觀，如果套牢還可以收租或自住。

缺點：利息、管理費……隱性成本會吃掉獲利、毛胚屋裝潢設計費高、包裝不容易，如果沒有短期買賣壓力會比較大。

靜心

# 26. 買屋賣屋 千萬別自稱是投資客

你在買屋賣屋時千萬別自稱（投資客），因爲眞正有實力的投資客，不會讓別人知道他是投資客，有素養的頂尖投資者其實很愛惜自己的名聲，他們也不喜歡被認爲是投資客，通常只有一些小咖的投資客或半調子的投資客或自以爲買、賣個兩三件小賺個幾百萬元的人喜歡自稱投資客，而且這類型小咖的投資客還有一個特性：很怕別人不知道他有一點點錢。幾百到一兩千萬元不等，而且喜歡或常常刁難仲介新人、一些資歷低跟能力比較不好的仲介，喜歡把仲介當下人使喚，所以基本上只有能力平平，身上有一兩千萬的小小咖喜歡自稱投資客。至於身家上億甚至五億十億不等的頂尖投資人士，通常都很低調、謙虛，而且對待在市場上打拼的第一線仲介人員都很友善客氣，因爲他們知道仲介的辛苦。

至於爲什麼買屋賣屋時別自稱投資客？

第一：除了會被有能力的仲介笑以外，爲什麼會被仲介笑呢？因爲市場上的仲介有很多年薪三百、五百、一千萬元收入不等的仲介，而且有能力的仲介通常有好幾處房產，甚至有的還住豪宅，所以你如果沒有一億上下的實力，在有實力的仲介面前自稱投資客會被笑。

第二：是比較重要的原因，基本上投資客的名聲都不會很好，因為他們有幾個特點：

1.買房要買很便宜，壓低屋主的價格，有時候還會趁火打劫。

2.賣房要賣最高點，低價買入的房子、稍微整理一下、短期獲利，而且不讓利，一次賺足。

3.常有買賣糾紛，有時候不尊重合約精神，鑽一些合約漏洞跟仲介瑕疵為難買賣雙方跟仲介。

4.常常刁難仲介、買賣雙方跟代書。

5.有時候還會跳過仲介私下成交。

6.沒有忠誠度。

根據以上特點，基本上投資客是不受買賣雙方跟仲介歡迎，甚至大品牌還禁止人員與投資客買賣，所以你如果想要投資買賣不動產千萬不要說自己是投資客，除了會被笑外，還有以上的原因。

# 27. 如何變成包租公、包租婆



包租公、包租婆這是很多人的理想目標，總是想有一個啞巴兒子能讓你退休無後顧之憂的選項之一，而現在低率的時代，手上有現金的人不知把資金該做何種投資？

放股票（怕會有風險）、銀行定存（利率低）、或房地產（保值）。

所以很多人都把房地產當成首選的投資標的，如果你本身已有一個房子自住，一定要先踏出第一步再買一間可收租的房子，但要量力而爲之，可先從小宅或華廈開始入手，因總價不需太高，還要防範有空租情況出現，導致增加房貸的壓力，如經濟還不允許就先從自住的房子空出一間房間出租，這樣開始有被動式收入（租金收入），從房客變成包租公漸進式的實現自己的夢想。

當好包租公、包租婆的必須條件：

1.注意居住結構及消防安全的重要性。

2.要注意房子裝修的品質。

3.現金流要夠高。

4.要有不怕麻煩的耐心與細心。

5.篩選房客，房客的素質很重要。

（可找有信任的租賃公司幫你過濾房客，不要因爲省仲介費自己招租，因這樣會讓你招租陷入困頓）。

6.可先把自己住的空房出租。

7.要把房東當成一樣事業用心來經營。

8.要當一位好房東（把房客當成自己的小孩來照顧）。

# 28. 房地產投資者是如何操作不動產、發家致富



市場上有很多靠不動產致富的投資者，但是他們都惦惦的賺，並不會把自己的致富方式告訴別人，但是其實也沒有什麼訣竅，我們前述的就是這些投資者致富方法，只是他們更聚焦，更投入的執行，把時間、精神、資源投入他們擅長的項目。

例如：改套房、買賣華廈、預售屋、翻修舊透天、買賣店面、農地、豪宅、蓋別墅、蓋店套、商場大樓。

房地產投資買賣，我個人認為要以時間換取空間，做長期規劃，短線買賣不容易賺到波段利潤，而且仲介手續費及相關稅費是一筆很驚人的數字，幾乎與政府國稅局、仲介平分利潤了，所以投資不動產基本心法：

1. 長期投資。
2. 以買得起為原則，才不會看的到吃不到。
3. 善用銀行貸款，但要評估自身還款能力。
4. 選擇有租金收益的房地產。
5. 要有借錢的能力、能力越強借的錢就越多，善用財務槓桿以二到三成的資金置入不動產，假設一千萬元的房子自備款兩百萬置入，兩年後以一千一百萬元售出，以總價來看只有賺10%，如果以投入的成本來看是賺了50%，但是中間的相關費用需要精

算，當然也有租金收益也需要加入利潤上。

6.了解利多、利空訊息。

7.選擇自己熟悉的區域。

8.掌握市場動向趨勢。

9.熟悉行情及多累積買賣經驗。

10.也可以組一間股東3-5人左右的投資公司，利用群體的力量把餅做大。

11.評估自身實力有多少錢，做多少的投資才不會因一時投資不慎全盤皆輸。

如果你也想像那些靠著房地產致富的投資者一樣，最好最快的方法就是能夠跟在他們身邊學，但是除非你是他的子女，不然幾乎是不可能把關鍵技術還有方法教你，另外一個方法就是加入不動產相關行業：代銷、仲介、建商、土地開發或設計師、建築師之類的職業，做中學從這些行業去學習竅門或者從客戶身上偸學買賣技巧，甚至蓋房子技巧。

還有一點提醒就是坊間有一些開班授課房地產投資課程的機構，可以去多聽看看別人如何買賣不動產的技巧，但是切記不要加入會員讓別人幫你代爲操作不動產，因爲根據我在仲介業十五年的經驗，幾乎所有不動產投資者正派又有成就者，幾乎都是用自己的錢在操作，他們不會做集資操作，保證你有高額的投資報酬率。這些投資客行事都非常低調不會邀別人加入，除非你跟他有對等的實力跟互惠關係，以上就是我可以分享的投資心得，希望各行各業的先進翹楚，都能在房地產這個領域有所斬獲。

# NOTE

# NOTE

V

# 買房的基本功&趨勢分析

# 29. 小資族如何存到買房的第一桶金

每個人踏入社會就會先有一個偉大的目標，要先存到人生的第一桶金，這第一桶金的金額是50萬、100萬、200萬，你是屬於哪一個目標的呢？

完成你心目中這個第一桶金的數字，你該如何踏出你的第一步呢？

而能在理想的情況下存到第一桶金了，要如何透過你的這第一桶金再滾出第二桶、第三桶金呢？以下有幾個方式可參考：

開源：穩定的正職本業收入、還要有一份能增加收入的副業，讓你的生活享受斜槓人生，也會爲你帶來不錯的收入、還要開始建立被動式收入，「讓你的錢，爲你賺錢」。

節流：日常記帳、信封帳戶法、控制自己的物慾。

理財：銀行小型定存（強迫自己儲蓄）、股票、基金、債券、外匯、儲蓄險、年金型保單、民間互助會，讓小錢滾小利把錢存下來。

一般人買房的錢都會靠以上三大計畫存得第一桶金，這是無利息成本的錢，但缺點是時間成本比較高，除了以上計畫之外，還有一個方式是調兵遣將的方法，時間成本低，但風險高。

銀行的錢＝抵押品貸款、裝潢裝修款或信貸---利息。

親友的錢＝周轉---再按月還款---無息。

合作的錢＝與親友合作投資---利潤分享。

李博士提示：所有的投資都有風險要衡量自己的能力量力而爲。

所有的合作關係都要有相關法律合約與防範毀約條款降低風險。

# 30. 買賣房子應注意事項

**購買成屋注意事項：**

1. 慎選不動產服務業。
2. 現場復勘、房屋是否有瑕疵。
3. 產權是否清楚。
4. 要求提供不動產說明書解說。
5. 詳閱買賣定型化契約及契約審閱期。
6. 瞭解出售原因。
7. 考慮買價是否公平合理，勿貪小便宜。
8. 考慮財務狀況，勿倉促下決定。
9. 停車位記載情形。
10. 停車位之使用。
11. 瞭解管理委員會條文規章事宜。
12. 與所有權人親自簽約。
13. 瞭解稅費的負擔。
14. 面積坪數之正確性。
15. 要求經紀業指派經紀人簽章。
16. 指定地政士簽定買賣契約及辦理產權移轉。
17. 服務報酬的支付細項。
18. 是否有非自然身故事件。

**購買預售屋注意事項：**

1. 是否有請領建造執照、權狀。
2. 瞭解房屋面積坪數及單價。
3. 訂金之支付方式。
4. 注意房屋室內的格局。
5. 瞭解付款方式及貸款額度。
6. 瞭解建材及設備品牌。
7. 房屋買賣標的應標示清楚。
8. 防止拿不到土地產權。
9. 注意開工、完工、交屋日期。
10. 完工後之管理維護及保固期限。
11. 違約事項。

**面積換算**

1 平方公尺＝0.3025 坪

1 坪＝3.3058 平方公尺

1 公頃＝10000平方公尺＝3025坪

# 31. 房子買賣流程

買屋賣屋是一件大事很多人在買賣房子的過程當中，不曉得什麼才是正確的買賣代書流程，買賣代書流程步驟跟必備的一些文件及注意事項，分爲以下四大步驟：

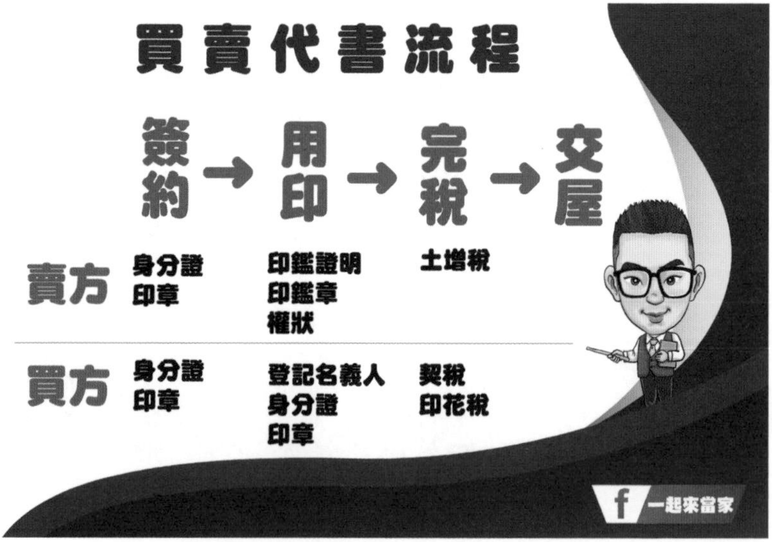


簽約、用印、完稅、交屋

賣方跟買方都要準備身分證跟印章，這個時候買方就需要準備訂金跟第一期款的價金，一般簽約到用印代書流程會抓7個工作天（不包含假日），那這段時間，用印的時候賣方這邊就要準備印鑑證明（必須要本人到戶政事務所申請，且申請的項目要爲不動產買賣使用）、印鑑章、房子所有權狀、買方這邊必須要準備登記人名義的身分證、印章。因爲有時候買方可能簽約時跟登記人是不同人，這個階段買方就要匯入買賣價金的第二期款項進入銀行履約保證價金專戶，這些資料都完備，款項也進入履約保證專戶，代書就會開始報稅，一般土地增值稅大概3～4天，契稅也大約3～4天，地方稅務局或國稅局的工作天大約是3～4天的流程，稅單核定完成之後，代書就會請買方把第三期款價金匯入履約保證專戶。這個階段要再注意的是如果買方有貸款，在完稅之前也必需要完成銀行對保的動作，知道銀行最正確的貸款成數，如果貸款成數不足，必須要在第三期款的階段要以現金補足差額，等所有的金額都匯入履約保證專戶之後，代書在這個階段就會開始爲買賣雙方送過戶，過戶流程地政機關一般的工作天大約3～4天，過戶完成之後如果賣方有貸款。這個時候履約保證專戶會撥款去塗銷賣方的貸款，塗銷時間需按照每家銀行的工作天數不一定（當天或3天內不等），塗銷貸款後就會核發塗銷證明，代書就會持塗銷同意書去地政局辦理塗銷，以上這些準備事項都完成後就可以約買賣雙方辦理交屋手續。

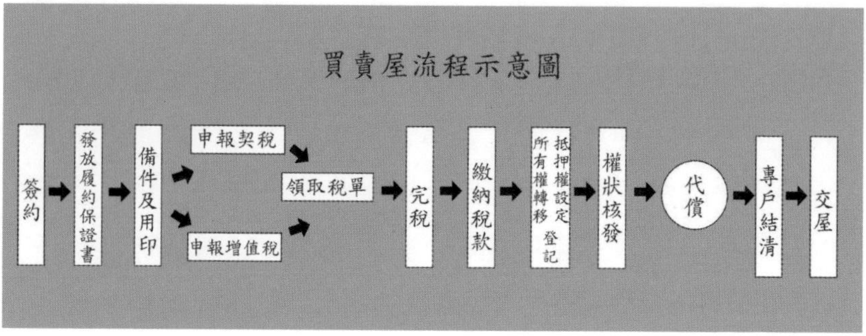


李博士提示：要找合法正當經營的仲介公司及代書辦理買賣案件，確保交易安全。

# 32. 稅務流程



不動產買賣契約書中應載明各種稅費由誰負擔，買賣不動產所應負擔的稅費：包括土地增值稅、契稅、公證費、地價稅、房屋稅、印花稅、水電瓦斯接戶費、產權登記費及代書費等，除依法令規定（如契稅應由購屋者繳納，建物第一次登記費、土地增值稅由出售人繳納）外，其餘稅費由誰負擔，應在契約中明訂，以免日後發生糾紛。



**房屋買賣應負擔的稅費**

| 賣方 | 買方 |
|---|---|
| 土地增值稅 | 契稅 |
| 鑑界費 | 印花稅 |
| 貸款設定塗銷費 | 貸款設定費 |
| 交屋日前的房屋稅及地價稅 | 登記規費 |
| 交屋日前的水電、瓦斯、管理費 | 房屋保險費 |
| 房地合一稅 | 地政士費 |
| 仲介費2～4% | 仲介費1～2% |
| | 貸款手續費 |
| 契約簽約費：雙方各半 | |
| 履約保證費用：視雙方需求決定 | |
| 註：賣方應於所有權移轉登記次日30天內申報房地合一稅並繳納稅金。 | |

# 33. 銀行貸款篇

辦理銀行貸款是由購屋者自行決定貸款銀行，洽談貸款方案，由於房屋貸款牽涉金額極高，買方必須小心留意每一個環節，以免出錯，隨著銀行有很多優惠方案各家各不同，除了低息外如果你購買的房子是在蛋黃區內，而且買的價錢夠便宜，通常可以貸款至八五成左右，也有青年首購優惠方案，軍公教特別房貸申請，可以依照你的需求來選擇。年限以及寬限期，銀行的資源都一直存在，平常就要讓自己的銀行信用評比拉高，在你需要使用銀行資源時，才可以派上用場。

**銀行評估貸款，需要準備以下資料：**

1. 借款人身分證影印本、貸款人職業類別。
2. 保證人身分證影本。
3. 買賣契約書影本。
4. 土地與建物的謄本與權狀影本。
5. 所得月收/年收金額（約略值）。
6. 是否有使用信用卡。
7. 目前是否有其他房貸、信貸、車貸等（大約金額）若有貸款，月還款金額約多少。
8. 財力證明：六個月薪轉存摺簿或其他存款存摺的封面+內頁（近一年）。

**辦理房貸流程：**

中古屋：準備資料—申請貸款—銀行鑑價—核貸—對保—設定抵押權—放款。

預售屋：簽訂預售屋契約—建商領取使用執照—辦理對保—放款。

# 34. 裝修入門篇

關於裝修你腦海出現的是何種景象為優先？風格、實用性、空間機能……。

且要確定裝修的目的為何？收租？自住？整層樓收租？或隔套房出租？確定好目的後才能再進行下一步，而裝修也是一門大學問，善用裝修來增加房子的CP值，裝修還有一個很重要的，就是所有的軟硬件工程一定要有保固售後服務，以下有幾種方式可依照自己入門的時間長短與經驗來選擇：

設計師：晉升版的工班，但設計師比較有想法及主見，會依照你的需求來為你量身訂做並規劃，會先到現場丈量—溝通—出平面圖—討論—再出3D圖—報價—簽約—由設計師統籌發包—進場裝修—驗收。

優　點：能符合客人的需求，做出來的裝修出錯的機率不大。

缺　點：費用較高，因設計師不一定會泥作木作，但他會統籌。

統包工班：所有工種的統籌者，他可能是資深的木作師傅，因為長期有配合的水電、泥作、地板、窗簾、冷氣，會由統籌者分配工作，也會監工，溝通上只要對統籌者即可，不需要費太多精神。

優點：價錢比較便宜，通常可以省下30%。

缺點：不會畫圖通常都要拿樣品的圖片來看，但如沒有天天溝通，做出來的成品會有40%～50%的誤差。

**如有長期配合的統包工班，可請配合的設計師畫圖，再由統包工班施工，這將是一個非常完美的組合方式。

自己發包：所有的細項木作師傅、水電師傅、泥作師傅、油漆師傅都要自己去聯絡自己溝通選材必須花很多的時間，且需親自監工，而有些師傅的習性跟工作方式不熟悉，將會不利於工程的進度。

優點：比較便宜，能有親自參與的成就感。

缺點：工程耗時很長，非常累而成品也會跟當初的樣品有誤差，且不建議初入門者採用。

建築師：要變更格局才會使用到建築師，因為要向縣政府申請室內裝修許可，所以價格也不便宜。

## 各類工程估比明細表

| 工程項目 | | 預算% |
|---|---|---|
| 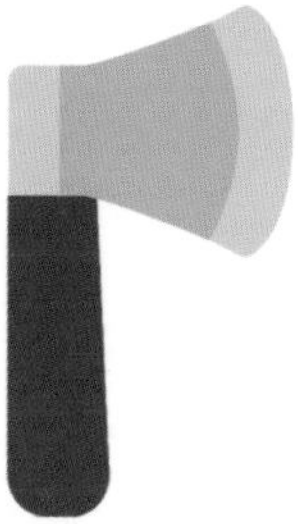 | 拆除工程 | 5% |
|  | 泥作防水工程 | 10% |
|  | 木作工程 | 25% |
|  | 水電工程 | 10% |

| | | |
|---|---|---|
| 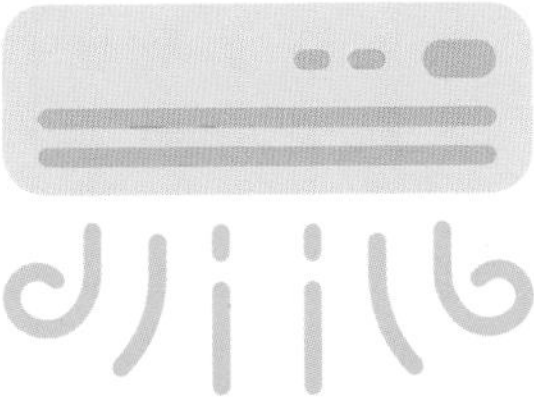 | 空調工程 | 10% |
|  | 油漆工程 | 10% |
|  | 廚具 | 10% |
|  | 玻璃工程 | 5% |

| | | |
|---|---|---|
|  | 石材 | 5% |
|  | 軟件工程 | 5% |
|  | 雜項 | 5% |

# 35. 重大建設



## 新市政中心

臺中市政府新市政大樓座落於臺灣大道與文心路間，位於西屯區的一棟行政大樓，是七期重劃區的指標建築之一，由瑞士韋伯/侯佛（Weber＋Hofer AGArchitects）建築師事務所設計，並與鄰近的臺中市議會議政大樓構成「臺中新市政中心」。建築中央下方簍空造型形成；建築空間分別命名為惠中樓、中央川堂、文心樓。

此行政大樓於2010年12月25日臺中市合併升格直轄市後生效日正式啟用，臺中市政府以此作為主要之辦公廳舍，臺中市市長亦在此辦公。

資料來源：臺中市觀光旅遊網

## 秋紅谷廣場

位於臺中市臺灣大道二段、朝富路口，就能看到秋紅谷廣場，而此廣場也被稱之為「都市之肺」，是臺中地區特有的凹型市民休閒綠地，佔地3公頃多的秋紅谷公園，擁有觀景橋、綠草坪、湖泊、紅樹，是非常適合運動、散步、約會的地方。

秋紅谷廣場所有的設計與考量都是以人本、綠能與滯洪為最大考量，不僅種植植物所需的灌溉水是以湖水供應，連回填所需用到的土壤也是與水利署協調利用大里溪疏濬的土壤，成為全臺首座「下凹式」的生態公園。

秋紅谷廣場的設立，是希望讓市民的生活更感輕鬆、從容，同時兼具景觀、生態、滯洪、排水與調節空氣品質等等的功能，不論什麼時節，漫步於特殊的凹型廣場內，踩著以木屑鋪成的步道，柔軟舒適，還能聞到淡淡地木頭香，一旁清澈的湖水、翠綠的青苔，跳動的小魚兒，更兼具育教娛樂的功能。漫步在秋紅谷廣場都是個賞心悅目的享受，倍感清新宜人，白天有舒服的綠意；夜晚有著精采萬變的不夜燈火，讓人心情雀躍起來，也是臺中的地標之一，開放迄今迅速成為臺中最火紅的景點之一。

資料來源：臺中市觀光旅遊網

資料來源：臺中市觀光旅遊網

資料來源：臺中市觀光旅遊

## 國家歌劇院

「全球最難蓋的房子」，「臺中國家歌劇院」位於臺中市西屯區七期重劃區內，興建難度極高，而「曲牆」建築工法更獲得建築工法的世界專利認證。

1992年，臺灣省政府教育廳規劃「國立臺中音樂藝術中心」，之後變更爲「國家音樂廳」，旨在替臺灣籌建具國際水準的表演藝術中心。場館規模及名稱經縝密修正，2005年，才由行政院文化建設委員會（今文化部）正式函文核定「臺中大都會歌劇院」興建工程。 場館建築決議採取國際競圖的方式由臺灣、日本、美國、英國、法國等13個國家（32位建築師）的建築團隊分成兩階段進行評選，最終由日本建築師——「伊東豊雄」脫穎而出。

從設計之初到建築完工，歌劇院歷經了多年的建設的淬鍊與嚴峻的考驗。在競圖階段，伊東豊雄，採用前衛的設計觀點、挑戰既有的思考模式，以「美聲涵洞」概念，採用曲牆、孔洞與管狀等別具一格的設計，整棟建築完全沒有樑柱支撐，也無一處爲90度牆面，顚覆了一般建築物的概念預先構思建築的輪廓，再依表演特性將舞台置入曲牆中。第二階段則著重空間效益，檢視設計結構的可行方案，並創新連接大劇院與中劇院的前廳。最後根據歌劇院內部視覺、聽覺等感受，將動線進行微調，回歸到「人」與空間的互動，強調迴盪在「美聲涵洞」（Sound Cave）的藝術能量。表演藝術所要呈現的歡笑、憂傷與感動，都因此獲得渲染與加乘的效果。而臺中國家歌劇院共有58面曲牆，每面曲牆有1372片小係數，每一塊都要量身訂作，無法大規模量產，是一項必需精密計算的浩大工程。

「偉大」的建築，不在於用多少水泥鋼筋與玻璃帷幕去構築巨型的輪廓。過往，人們會不顧一切地追求最高、最雄偉的建築，如今，卻試圖找出與自然、環境共生的法則，回歸到生活的根本一關於「人」的感受。歌劇院正面造型猶如曲線的酒壺，環繞場館外的流水開放的意象，打破了舞台與觀衆、室內與室外的二元區分，觀衆如酩酊般陶醉於節目的精彩，讚歎藝術無盡的可能，壺面鑲有多個圓筒窗，夜晚隨燈光投射展現出優雅與溫暖·這裡是表演藝術的搖籃、聆聽樂音、隨舞蹈的步伐律動身體、欣賞傳統藝術的絕代風華，生活休憩與吸取新知的地方，臺中國家歌劇院更是中臺灣文化生活接受翻新的起點。

資料來源：臺中市觀光旅遊網

資料來源：臺中市觀光旅遊網

資料來源：臺中市觀光旅遊網

## 水湳經貿園區

原爲臺中水湳機場的水湳經貿園區，總開發面積254公頃，被視爲臺中最後一塊寶地，未來將以「智慧、低碳、創新」爲開發的願景目標，整體空間規劃五大專用區，並投入相關重大公共工程建設，透過本園區帶動，擘劃更具前瞻性及創意性的都市環境。

整體空間架構以近約67公頃之中央生態公園爲主軸，並以其蜿蜒之邊界界定出5大專用區：

經貿專用區：

國際會展中心、商圈購物、國際級旅館、金融、企業總部、運輸交通集於一身的國際經貿特區。

生態住宅專用區：

高優質住宅及落實生態綠建築、景觀綠廊理念，營造出人本舒適健康與永續發展的新生活典範。

文化商業專用區：

文化創意、林蔭大道、精品購物、商務旅館。

文教專用區：

大學城、學習環境優良升級。

創新研發專用區：

育成中心，大學，國際級創研機構進行國際學術交流。

## 水湳轉運中心

水湳轉運中心，定位爲臺中市國道轉運核心，整合國道客運、市區公車、捷運、iBike等公共運輸，提供無縫轉乘的優質服務。此外，水湳轉運中心亦爲水湳經貿園區的交通門戶，提供低碳接駁車前往園區各主要場館，減少車輛進入園區，紓解園區交通車流，塑造綠色、便利的交通環境，實現水湳經貿園區創新、低碳、智慧的發展願景。

## 臺中國際會展中心

配合水湳經貿園區整體開發計畫政策，引發臺中市豐富的觀光、文化資源，結合智慧、低碳、創新等目標，引進國內外企業總部與法人進駐爲理念，引發總部經濟連鎖效益，讓水湳經貿園區成爲在地廠商紮根經貿園區之載體，藉由水湳經貿園區的地位優勢、交通便捷，吸引國內外廠商進駐，打造優質的產業4.0環境。

臺中國際會展中心未來可提供企業對企業（Business to Business）及企業對消費者（Business to customer）的商業模式展場，開發規劃爲：展覽棟與會議棟。二個主要區域，可提供產業展覽最大可達2360攤位外，更有平面會議室2200席及平面多功能會議廳有2400多席，會議中心棟以打造國際性會議中心爲目標，以符合各國際企業之需求。

## 臺中綠美圖

以智慧、低碳、創新之設計爲訴求，主要機能爲圖書館及美術館，增加兩館之結合、互動之設計，提供更多創意發想之機會及空間運用。

結合中央公園，塑造公園中的圖書館、森林中的美術館，二館既獨立、且互相連結，彼此資源分享，跨域加值，發揮建設的最大效益。成爲在地化的藝文休閒場域。

## 中央公園

本著生態、教育與生活的設計精神，提升推廣人智教育，運用植栽、水、土壤、空氣等景觀元素，將華德福教育（Waldorf Education）的哲學理念——魯道夫·史代納（Rudolf Steiner）的十二感官實踐於公園空間裡，提供臺中市民一個戶外且易親近的終生學習環境。魯道夫·史代納（Rudolf Steiner）的十二感官包含味覺、聽覺、視覺、觸覺、嗅覺、溫度、平衡、思考、談論、動態、自我、生活。公園將各感官具象化後的體驗設施分散設置於園區內，並結合公園活動分區的規劃與高低起伏的地形設計，讓遊客在享受隔離城市喧囂的花草林木之間，藉由不同的感官刺激學習與自我對話，打造一個富有環境與心靈教育功能的現代公園。

## 中臺灣電影中心



新聞局規劃推動「中臺灣電影推廣園區」計畫，是爲了打造臺中市成爲國際電影交流及文化觀光城市，並分別於霧峰區設置具備拍攝、製作功能之「中臺灣影視基地」，並於水湳智慧城打造具有新創、放映、展演及休憩功能之「中臺灣電影中心」，藉此整合並串連影視產業鏈上、下游，打造影視城市品牌並擴展國際視野。

「中臺灣電影中心」將成爲臺灣各類影視作品展演平臺、國片和藝術片的推廣基地以及動畫、漫畫推廣園地，並將藉此推動影視文化在地生根，提供市民優質影視教育文化場域，從而提升臺中市藝術、文化軟實力及相關文創產業發展動能。

## 臺灣智慧營運塔

本中心將是水湳最頂尖之建築物，爲綠建築永續低碳高樓層的鑽石級建築物，也是臺中市整體創新發展之示範性地標，以開發願景與三生結合，達智慧（生產）、低碳（生態）、創新（生活）目標。

並發展產業4.0旗艦計畫：智慧化產業技術支援設施構建環境監控系統，包括智慧化辦公、會議空間、雲端系統等。

打造臺中成爲生活創意宜居城市，帶動中臺灣產業之升級發展，增強都市行銷與文創產業、建築和營建技術提昇，以提升臺中市在國際城市之識別性、能見度與獨特性。

### 中央公園地下停車場

爲帶動市民親近大自然之生活風氣，落實全民低碳生活，未來將增加低碳汽、機車位數量，並增設電動機車車位及充電站，利用E化系統提昇停車效率配合智慧尋車系統升級，增設停車雲端服務系統、無障礙車位計數顯示系統、升級規劃智慧停車控管系統，減少民衆等停時間，呈現慢活效率大臺中。

## 水湳水資源回收中心

水湳水資源回收中心總面積約爲5.91公頃，主要分爲集污區服務範圍及再生水提供範圍兩個部分，透過水資源回收中心運作，集污區服務範圍以水湳經貿園區、整體開發單元八及鄰近地區約18,000公噸生活污水量。並提供80%回收率（14,400公噸）之再生水，此回收水再利用，提供的範圍以全園區景觀植栽做爲噴灌之用及沖廁用水、街道清掃及水資中心爲主外，達到共同營造生態景觀環境。

# 水湳經貿園區重大公共工程建設

參考資料：臺中市政府都市發展局

## 中部科學園區

中部科學園區開發建設工程於民國九十二年七月起展開，針對土地使用、交通運輸、水電及電信、雨污水處理與排放、廢棄物處理等相關建設工程進行規劃，配合產業未來整體發展需要，提供高科技產業優質之環境，鼓勵研究發展及製造高科技工業產品，進而帶動科技產業技術提昇，促進中部地區產業之升級，並形成中部高科技產業新聚落。中部科學園區包括台中園區、后里園區（包括后里基地及七星基地）、虎尾園區、二林園區及中興園區共計五處，總開發面積約1485公頃。

## 台中園區

面積：466公頃，位於台中市大雅區及西屯區交界處。

交通：台中園區交通便利，包括：航空系統：台中國際機場；海運系統：台中港。

公路系統：可連接中山高、中二高南下北上。

鐵路系統：鄰近台鐵、高鐵。

生活機能：臨近大台中都會區、工商業發達。

區位優勢：位於中部地利之便，適宜物流中心設立與運作。

引進產業：精密機械、光電、半導體產業。

參考資料：台中市政府

# 臺中捷運綠線

臺中市於98年10月動土，中部都會核心地區計畫，開始臺中的第一條大眾捷運系統，臺中都會區大眾捷運系統烏日文心北屯線（簡稱捷運綠線），本捷運計畫路線作爲臺中市都心連接至烏日區高鐵臺中之運輸系統，全長約16.71公里，東起自北屯區行經區域包括北區、西屯區、南屯區、南區、烏日區終點至高鐵台中站，透過便捷的交通，能滿足民眾通勤、通學需求外，更可整體帶動大臺中地區經濟的發展。

參考資料：台中市政府

## 國立臺灣美術館

國立臺灣美術館於民國77年開館，於民國93年7月重新整建後開館。本館（含園區雕塑公園）佔地面積約10公頃。展覽空間包含展覽室、美術街、資訊轉運站、數位創意資源中心等。在展覽空間的使用上，一、二樓爲特展區，三樓爲臺灣美術典藏常設展，戶外廣場則陳列雕塑精品。

本館以視覺藝術爲主導，典藏並研究臺灣現代與當代美術發展特色；多元化的展示提供各項展覽、積極參與國際性重要展覽，長期與國外美術館交流，並致力於多樣性的主題規劃展演與藝術教育推廣活動，刻畫台灣美術脈絡，提供民眾多元化欣賞藝術的環境，亦可透過多樣性的學習服務啟發民眾的創意。

國立台灣美術館，除了以展現臺灣藝術創作的特色與發展外，更積極強化藝術研究、開展國際對話與視野，推動數位藝術，提昇國家文化藝術的內在精神與涵養。在文化交流上，則強化館際合作，並與國際接軌，加強與國內、外美術館和專家學者的共同合作，規劃啟發視覺文化、分享藝術價值的展覽活動；引介臺灣藝術的特色，讓民眾了解藝術的精華，而達到以藝術向下紮根，並向上延展文化認知的目標，本館建築強調開闊性與親和性。三十多年來已辦理近千檔展覽及數千場相關活動，並持續累積分享藝術知識之旅。

資料來源：臺中市觀光旅

# 36. 房地產歷年來走勢曲線圖



市場上有二派專家；財團、建商、投資客不斷看好房市利多。

另一派學者不斷看空房市，我們到底要相信哪一派呢？兩派都有一套說法。

利多者說：2020.05.17全球都降息「QE」，都會直接影響房地產降息，尤其是美國還「無限QE」。全世界熱錢很多，在世界各地投資的台商紛紛的回流，相對的熱錢也跑向台灣，流向人們最愛的投資標的聖品：房地產，結果房價持續地上揚。由下圖全台移轉棟數走勢圖即了解市場趨勢。

**一、全台移轉棟數走勢圖**

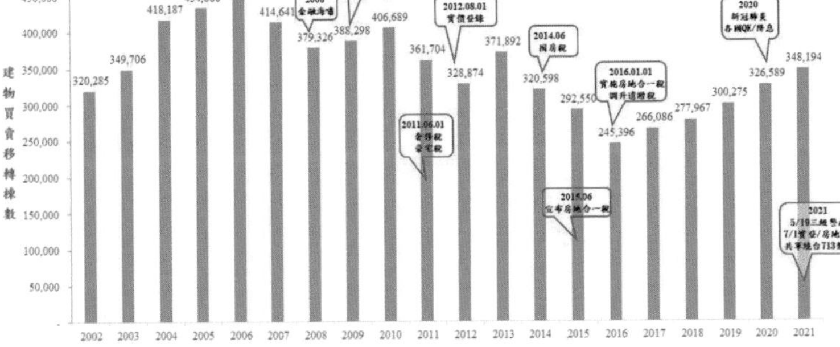


資料來源：內政部

## 二、全台經紀業執業家數

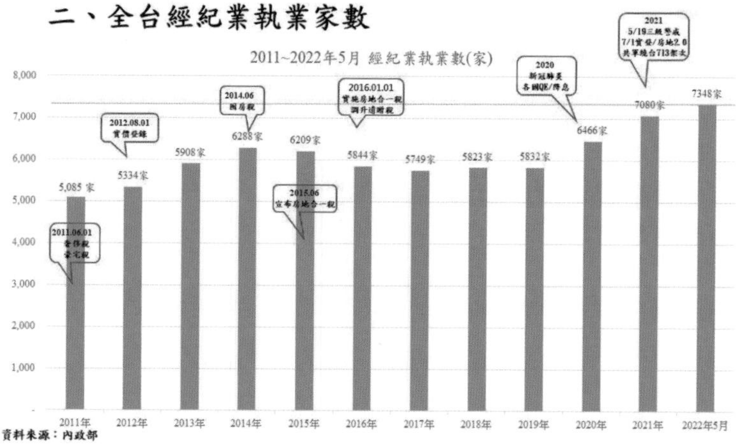


資料來源：內政部

# 37. 市場論述



1.預估資金流入中古屋。

2.首購、換屋能貸8成（自用、剛性需求不變）。

3.土地持平or下滑5%，至少短期內不容易上漲，（建商拿題材對地主議價）。

4.預售屋價量↘ or斷頭戶浮現。

5.高總價4000萬↗以上住宅，價↘小幅下滑。

6.觀望氣氛↗。

7.銀行貸款↘。

房價持續高漲，政府由中央銀行從109年持續的修訂不動產貸款辦法，抑制房價持續上漲，由下圖可清楚的了解規範。

<table>
<tr><th colspan="7">央行近期修訂歷程<br>『中央銀行對金融機構辦理不動產抵押貸款業務規定』</th></tr>
<tr><th colspan="2">項目</th><th>修正前</th><th>第一次管制<br>109.12.8實施</th><th>第二次管制<br>110.3.19實施</th><th>第三次管制<br>110.9.24實施</th><th>第四次管制<br>110.12.17實施</th></tr>
<tr><td rowspan="2">公司法人<br>購置住宅貸款</td><td>第1屋</td><td>無</td><td>6成，無寬限期</td><td>4成，無寬限期</td><td>維持不變</td><td>維持不變</td></tr>
<tr><td>第2屋</td><td>無</td><td>5成，無寬限期</td><td>4成，無寬限期</td><td>維持不變</td><td>維持不變</td></tr>
<tr><td rowspan="5">自然人</td><td>第2戶住宅貸款</td><td>無</td><td>無</td><td>無</td><td>特定區無寬限期<br>（特定區：台北市、新北市、桃園市、台中市、台南市、高雄市、新竹縣（市）</td><td>維持不變</td></tr>
<tr><td>第3戶住宅貸款</td><td>無</td><td>6成，無寬限期</td><td>5.5成，無寬限期</td><td>維持不變</td><td>4成，無寬限期</td></tr>
<tr><td>第4戶住宅貸款</td><td>無</td><td>（同第3屋，未另規定）</td><td>5成，無寬限期</td><td>維持不變</td><td>4成，無寬限期</td></tr>
<tr><td rowspan="2">購置高價住宅<br>（原高價住宅認定標準：<br>台北市7000萬以上、<br>新北市6000萬以上、<br>其他地區4000萬以上）</td><td rowspan="2">6成，無寬限期</td><td rowspan="2">維持不變</td><td>已有2戶以下貸：<br>5.5成，無寬限期</td><td>維持不變</td><td>已有2戶以下貸：<br>4成，無寬限期</td></tr>
<tr><td>已有3戶以下貸：<br>4成，無寬限期</td><td>維持不變</td><td>維持不變</td></tr>
<tr><td colspan="2">購地貸款</td><td>無</td><td>6.5成，保留1成動工款，檢附具體興建計畫</td><td>維持不變</td><td>6成，保留1成動工款，檢附具體興建計畫</td><td>5成，保留1成動工款，檢附具體興建計畫，並切結於一定期間內動工興建</td></tr>
<tr><td colspan="2">餘屋貸款</td><td>無</td><td>5成</td><td>維持不變</td><td>維持不變</td><td>4成</td></tr>
<tr><td colspan="2">工業區閒置土地抵押貸款</td><td>銀行自律規範</td><td>銀行自律規範</td><td>5.5成<br>如抵押土地已動工興建開發，或借款人檢附抵押土地具體興建開發計畫，並切結於一定期間內興建開發者，則不適用</td><td>5成<br>如抵押土地已動工興建開發，或借款人檢附抵押土地具體興建開發計畫，並切結於1年內動工開發者，則不適用</td><td>4成<br>如抵押土地已動工興建開發，或借款人檢附抵押土地具體興建開發計畫，並切結於1年內動工開發者，則不適用</td></tr>
</table>

資料來源：中央銀行新聞稿

# 38. 個人房地合一稅 2.0與1.0比較表



110年7月1日實施

<table>
<tr><th>適用稅率 / 持有期間</th><th>修法前</th><th>修法後</th></tr>
<tr><td>一年內</td><td>45%</td><td rowspan="2">45%</td></tr>
<tr><td>超過一年未逾二年</td><td>35%</td></tr>
<tr><td>超過二年未逾五年</td><td>20%</td><td>35%</td></tr>
<tr><td>超過五年未逾十年</td><td>20%</td><td rowspan="2">同現制</td></tr>
<tr><td>超過十年</td><td>15%</td></tr>
</table>

假設小蔡購買一戶房地產1000萬，持有一段期間以1380萬元賣出，其他必要費用

（如仲介佣金）及土地漲價總數額合計80萬元。

課稅所得＝成交價－取得成本－相關費用及土地漲價總數額＝1380萬－1000萬－80萬＝300萬

<table>
<tr><th colspan="2">適用稅率</th><th>修法前</th><th>修法後</th></tr>
<tr><td colspan="2"></td><td>1年內：45%<br>超過1年～2年：35%<br>超過2年～10年：20%</td><td>2年內：45%<br>超過2年～5年：35%<br>超過5年～10年：20%</td></tr>
<tr><td rowspan="2">持有期間</td><td>1年半</td><td>300萬X35%=105萬</td><td>300萬X45%=135萬</td></tr>
<tr><td>3年</td><td>300萬X20%=60萬</td><td>300萬X35%=105萬</td></tr>
</table>

# 39. 買方心態跟行爲

1.明年再看。

2.等看看。

3.房價會跌。

4.目前政府在打房再觀望。

5.明年選擇會更多。

6.房市會崩盤。

7.有急售或缺錢動機要售屋的再介紹給我。

★8.出價照實價登錄買（不追價）。

9.追高價錢（過去半年此種買方很多、但現在都沒有了）。

李博士提示結論：

1.打炒房、打投資客。

2.囤房、囤地（台商、建商）。

3.打地主（心態高）。

結果：

自住、自用、首購、換屋剛性需求的人，培養自己對房市敏銳觀察力，在政府做球時要趕快上有房的列車，不要再觀望、再等，機會錯過又要等下一個波段。

# NOTE

# NOTE

# NOTE

NOTE

# 參考資料

☆中部科學園區：https://www.ctsp.gov.tw
★內政部地政司：http://www.land.moi.gov.tw
★內政部網站：https://www.moi.gov.tw
☆內政部不動產服務業資訊系統：https://resim.land.moi.gov.tw
☆水湳經貿園區介紹：https://www.udvision.taichung.gov.tw
☆台中市政府水利局：https://www.wrs.taichung.gov.tw
★投資臺中：https://www.invest-taichung.com.tw
★財政部全球資訊網：https://www.mof.gov.tw
☆國立台灣美術館：https://www.ntmofa.gov.tw
☆臺中市政府：https://www.taichung.gov.tw
☆臺中市政府都市發展局：https://www.udvision.taichung.gov.tw
☆臺中市政府觀光旅遊局：https://travel.taichung.gov.tw
★臺中市精密機械科技創新園區：https://tc.mw.com.tw

國家圖書館出版品預行編目資料

強協理地產教室／李逸強、李姿穎著. --初版.--
臺中市：白象文化事業有限公司，2022.10
面； 公分
ISBN 978-626-7151-54-9（平裝）
1.CST：不動產業 2.CST：投資
554.89 111009395

# 強協理地產教室

作　　者　李逸強、李姿穎
校　　對　李逸強、李姿穎
發 行 人　張輝潭
出版發行　白象文化事業有限公司
412台中市大里區科技路1號8樓之2（台中軟體園區）
出版專線：（04）2496-5995　傳真：（04）2496-9901
401台中市東區和平街228巷44號（經銷部）
購書專線：（04）2220-8589　傳真：（04）2220-8505
專案主編　林榮威
出版編印　林榮威、陳逸儒、黃麗穎、水邊、陳媁婷、李婕
設計創意　張禮南、何佳諠
經紀企劃　張輝潭、徐錦淳、廖書湘
經銷推廣　李莉吟、莊博亞、劉育姍、林政泓
行銷宣傳　黃姿虹、沈若瑜
營運管理　林金郎、曾千熏
印　　刷　基盛印刷工場
初版一刷　2022年10月
定　　價　350元